Wolfgang de Haan

ALASKA

Wolfgang de Haan

ALASKA

Ziel meiner Träume

NEUMANN - NEUDAMM

Bildnachweis:
Die Abbildung auf Seite 105 oben wurde von Heinz K. Weigelt geliefert. Sämtliche übrigen Fotos stellte der Autor zur Verfügung.

Die Deutsche Bibliothek – CIP-Einheitsaufnahme
Haan, Wolfgang de:
Alaska: Ziel meiner Träume / Wolfgang de Haan. – Melsungen
Neumann-Neudamm, 1992
ISBN 3-7888-0639-7

Untere Straße 3, 3509 Morschen-Heina
Printed in Germany
Titelgestaltung: Philipp Schneider unter Verwendung eines Dias vom Autor.

Reprotechnik: Firma monoLith, 4430 Steinfurt 2
Druck: Karl Strube Druckerei, 3582 Felsberg
Buchbinderische Verarbeitung: Buchbinderei Willy Keller, 6402 Kleinlüder.

Schrift: 10/12 Times Roman
Papier: Bildteil 115 g Bilderdruck, Textteil 90 g Werkdruck
Umschlag: Pappband, Polylein-Kaschierung
Druck: Vier- und Einfarben-Offset, Heidelberger
Verarbeitung: Fadenheftung, begazt, Deckenband.

Inhalt

Zum Geleit

„Wir haben vor Jahren einmal im gleichen Bett geschlafen“. – Mit diesen Worten stellte sich Wolfgang de Haan mir anläßlich eines gesellschaftlichen Zusammentreffens vor. Eine ungewöhnliche, aber wie ich nach näherer Erläuterung feststellen konnte, in der Sache zutreffende Behauptung. Wir haben beide am Ugashik Lake auf der Alaska Peninsula gejagt und dort auch im gleichen Camp gelebt. Insofern fühle ich mich kompetent, dem Verfasser zu attestieren, daß er nicht nur einen packenden farbigen Erlebnisbericht zu Papier gebracht hat, sondern daß es ihm gelungen ist, ein realistisches Bild von diesem herrlichen, wilden Land, seinem urigen Wild und seinen ebenso harten wie liebenswerten Menschen zu zeichnen. Dieses Land fordert dem Jäger viel ab. Deshalb kann nur begrüßt werden, daß der Autor die Schilderung seiner Jagderlebnisse mit vielen wohlüberlegten und beherzigenswerten Ratschlägen verbindet. Schließlich macht das Buch deutlich, daß Alaska nicht nur den Jäger lockt, sondern daß es auch für den landschaftlich interessierten Touristen ein lohnendes Ziel ist. Ich wünsche diesem schönen Buch, dessen hervorragende Bebilderung nicht unerwähnt bleiben soll, eine breite Leserschaft. Ich wünsche dem Land Alaska, daß es seinen Bewohnern, aber auch uns Jägern, in seiner Ursprünglichkeit und Unberührtheit erhalten bleibt. Auch ich kann den Titel des Buches als meine Empfindung übernehmen: „Alaska – Ziel meiner Träume“.

Max Schmeling

Hamburg, im August 1990

Gewidmet meinen Guides
Chuck, Bert, Bruce und Paul,
denen ich verdanke,
daß meine Träume Wirklichkeit wurden.

Vorwort

In den siebziger Jahren habe ich damit begonnen, meinen jagdlichen Aktionsradius über die deutschen und dann auch über die europäischen Grenzen hinaus auszuweiten. Fernziele waren Südafrika, die Mongolei und Alaska. Meine täglichen Aufzeichnungen draußen im Camp waren Grundlage von Gesprächen und Vorträgen im Freundeskreis. Daraus entstand die Anregung, dies alles einmal in Buchform zusammenzufassen und einem größeren Interessentenkreis zugänglich zu machen. Die Konsequenz war das Erscheinen meines Buches „Abenteuer Jagd – Reisen und Jagen in Asien, Afrika und Amerika“ im Jahre 1984 im Verlag Heinrich Möller Söhne GmbH, der ebenso wie ich selbst in Rendsburg in Schleswig-Holstein ansässig ist.

Dem ersten Jagdaufenthalt in Alaska, der Gegenstand der Schilderungen in dem erwähnten Buch war, folgten dann in den achtziger Jahren weitere Reisen in dieses Land, die neuen jagdlichen Zielen galten. Daraus entstand die Idee, dieses Buch allein der alaskanischen Wildnis und ihrem urigen Wild zu widmen. Der Verlag Möller Söhne hat sich im Interesse einer Komplettierung der Gesamtdarstellung damit einverstanden erklärt, daß das Kapitel III „In Alaska Waidwerken – immer und immer wieder“ aus dem Buch „Abenteuer Jagd . . .“ (S. 127 bis 182) in aktualisierter Form in dieses Buch mit aufgenommen wird.

„Alaska – Ziel meiner Träume“ will nicht nur Erlebnisberichte an den Jäger weitergeben. Aufgrund meiner eigenen Erfahrungen möchte ich all denen, die zum ersten Mal dort drüben jagen wollen, ein wenig mit Rat und Anregung zur Seite stehen. Ich weiß nur zu gut, wie nützlich es ist, aus der Erfahrung anderer zu lernen.

Ich möchte aber zugleich all die, ob Jäger oder Nichtjäger, ansprechen, die dieses herrliche Land als Touristen kennenlernen wollen. Jeder Jäger sollte neben der jagdlichen Seite auch die Schönheiten des Landes im übrigen erkunden. Eine großartige Möglichkeit, auch seinen Lebensgefährten oder Kinder, in entsprechendem Alter, an einer solchen Reise zu beteiligen. Das fördert das Verständnis für unser schönes Weidwerk auch im Kreise der nichtjagenden Familie.

Ich danke dem Verlag J. Neumann-Neudamm GmbH & Co. KG, einem Haus mit großen jagdlichen Traditionen, insbesondere seinem Geschäftsführer, Herrn Walter Schwartz, für die Übernahme dieses Buches in sein Programm.

Einführung

Großes, weites Land

Alachschka, Aleaksu, Alakhskhak, Alaksu, Alasca, Alaschka, Alashka, Alayeksa – großes, weites Land; so nannten es die Ureinwohner, Aleuten und Indianer. Das Sternbild des Großen Bären mit dem Polarstern als Begrenzung auf königsblauem Grund – das ist die Flagge Alaskas, des 49. Staates der Vereinigten Staaten von Amerika. Die Staatsblume ist das Vergißmeinnicht, der Staatsvogel das Schneehuhn, der Staatsfisch der King Salmon und der Staatsbaum die Sitka-Fichte.

Abenteurer, Jäger, Reiseschriftsteller und Naturwissenschaftler schildern dieses Land und die angrenzenden, ihm verwandten, Northwest-Territories Kanadas in glühenden Farben, faszinierenden Erlebnisberichten und leidenschaftlichen Bekenntnissen.

Dies alles sind Schlaglichter, verwoben mit Vorstellungen, Phantasien und Wunschbildern, die mich begleitet haben, ein Leben lang. Geträumt habe ich von diesem Land, von Elchen und Caribous, von Bären und Wölfen, von Dallschafen und Schneeziegen; als Kind, als Jüngling und als reifer Mann, als Naturliebhaber, Weltenbummler und als Jäger.

Für mich, als Jungen der dreißiger Jahre, war es Jack London, der mit seinen Abenteuer-Romanen die Vorstellungen bestimmte. Vorstellungen, die eine Zeit umfassen, die scheinbar so lange zurückliegt, und die doch meine Eltern in ihrer Kindheit erlebt haben: Die Jahre des großen Goldfiebers, des Trecks nach Westen. 100-Jahre-junge Geschichte eines Landes, wenn man die von den Ureinwohnern bestimmte Vergangenheit außer acht läßt und absieht von dem russischen Intermezzo.

Für mich, als Soldaten und Studenten der vierziger Jahre, war dieses Land zwar in einen weltpolitischen Zusammenhang gerückt, aber unter politischen Aspekten auch unerreichbar geworden.

Die Zeiten des familiären und beruflichen Aufbaus fesselten an Haus und Arbeitsplatz und setzten auch materielle Grenzen.

Die sechziger und siebziger Jahre erst ließen allmählich das zur Realität heranreifen, was zuvor allein Wunschbild war. Ich tat die ersten Jagd- und Reiseschritte über die Grenzen der engeren deutschen Heimat in den verwandten europäischen Raum hinein. Österreich, Italien, Spanien, Dänemark, Polen waren erreichbare Ziele. Jagdregionen, in denen ich mich, mehr oder weniger, doch zu Hause fühlte. Jäger, Jagdsysteme und Jagdart sind den unseren verwandt. Jagd bedeutet nicht oder nur selten Abenteuer. Und das gleiche gilt für das touristische Umfeld und die landschaftliche Struktur.

In der zweiten Hälfte der siebziger Jahre begann das eigentliche Abenteuer: Mongolei, Südafrika und endlich auch Alaska waren meine jagdlichen sowie touristischen Ziele.

Aber Alaska wurde für mich mehr als nur die Erfüllung eines Traumes. Es wurde das Land der steten Sehnsucht, der Sehnsucht nach unendlicher, einsamer Weite und Größe, nach der spürbaren Allmacht Natur in all ihren grandiosen Erscheinungsformen, nach Ruhe, Besinnung, dem Sicheinordnen in diesen immerwährenden Kreislauf. Und wie konnte es anders sein – Alaska blieb bis heute das Land der steten Wiederkehr.

Vergangenheit und Gegenwart

Bevor man den Boden dieses Landes betritt, sollte man einiges wissen über seine Vergangenheit und Gegenwart, über seine geographischen, politischen und wirtschaftlichen Strukturen.

Geschichte

Zwischen 40.000 und 12.000 Jahre zurück hat zwischen Rußland und Alaska, mit an Sicherheit grenzender Wahrscheinlichkeit, eine Landbrücke bestanden, die durch Veränderungen des Meeresspiegels wiederholt unterbrochen und wieder geschlossen worden ist. Gleiche Tierarten wie Bison, Mammut und Caribou existierten in dieser asiatisch-amerikanischen Region. Die Menschen der Eiszeit sind über sie aus der Alten Welt in die Neue Welt eingewandert.

Alaska trat für uns erkennbar im Jahre 1741, also vor erst 250 Jahren, in die Geschichte ein, und zwar mit seiner Entdeckung durch Vitus Bering. Der zweite große Entdecker, mit dem sich sein Name verbindet, ist der Engländer Captain James Cook, der 1778 auf der Suche nach der Nord-West-Passage den nach ihm benannten Cook-Inlet befuhr, an dem Anchorage, heute die größte Stadt Alaskas, liegt. Anchorage heißt „Ankerplatz" des Captain Cook. Das größte und teuerste Hotel in Anchorage trägt den Namen des Weltumseglers. Ihm gegenüber der „Reflection Pool" mit den drei Schiffen Cooks: „Resolution", „Endeavour" und „Discovery". Sein Bronzestandbild hoch über dem Fjord schaut hinaus auf das Meer.

Unter den großen, historischen Persönlichkeiten des amerikanischen Nordens sollte der Duwamishhäuptling Seattle nicht unerwähnt bleiben. In einer der schönsten verbalen Darstellungen, die zugleich eine politische Erklärung ist, bringt er das zum

Ausdruck, was wir alle heute empfinden, wenn wir an die Zukunft dieser Welt und an die unserer Kinder denken (s. Anhang).

1799 bis 1867 war Alaska russische Kolonie. Nach dem russischen Seefahrer Pribilov sind die gleichnamigen Inseln benannt, auf denen Ende des 18. Jahrhunderts mehrere Millionen Pelzrobben lebten, deren Bestand, nachdem die Tiere zwischenzeitlich fast ausgerottet waren, wieder auf rund 800.000 angewachsen ist. Die Russisch-Amerikanische Handelsgesellschaft war Träger des Pelzhandels und konkurrierte mit der Hudson Bay Company. Sitka galt als das „Paris des Nordens“. Eng verknüpft mit diesen Jahrzehnten ist der Name des kaiserlich-russischen Gouverneurs Aleksandre Baranov.

1867 erwarb der damalige amerikanische Außenminister Seward Alaska für einen Kaufpreis von 7,2 Millionen Dollar für die Vereinigten Staaten. Mitbestimmend für diesen Entschluß seitens der Russen waren die Folgen des Krim-Krieges. Jahrzehntelang wurde diese staatsmännische Tat als „Seward’s folly“ und das Land als „Seward’s ice box“, „Walrussia“, „Icebergia“ oder „Polaria“ in den Staaten verkannt und verlacht. Heute wissen wir: Die Weltgeschichte hätte einen anderen Lauf genommen, wäre das russische Reich auf dem nordamerikanischen Kontinent präsent geblieben. Erst heute ist man sich, wenn auch nur ungefähr, darüber im klaren, welch herausragende strategische Position und welch ungeahnten wirtschaftlichen Reichtum Seward damals den USA gesichert hat. 1903 hatte allein der Bergbau das Zehnfache des Kaufpreises eingebracht. Bis heute sollen etwa 5 Milliarden Dollar nur aus Fischfang und Bodenschätzen eingekommen sein. Zur Zeit decken die USA 23 % ihres Bedarfs aus alaskanischem Öl.

Zunächst war Alaska nur unselbständiges Territorim der US-Zentralregierung und erlangte erst 1959 seine Eigenständigkeit als 49. Staat der Vereinigten Staaten.

Den Ureinwohnern, Eskimos, Indianern und Aleuten, wurden 1971 von den 375 Millionen acres (1 acre = 4.046,87 m^2) Alaskas 44 Millionen zurückgegeben. Dem Staat Alaska wurden 104 Millionen acres zugesprochen, die restlichen 227 gehören der Zentralregierung.

Alaska, das sich über neunzehn Breitengrade ausdehnt, erstreckt sich über eine Fläche von 1.519.171 qkm. Das entspricht der dreifachen Größe Frankreichs oder Spaniens; es ist sechsmal so groß wie die alte Bundesrepublik Deutschland. Seine Küstenlänge beträgt rund 60.000 km, seine Ost-West-Ausdehnung 3.200 km und die Nord-Süd-Ausdehnung 2.000 km; das entspricht den Entfernungen Hamburg – Tunis bzw. Berlin – Moskau. Rußland und Alaska nähern sich in der Beringsee zwischen Tschuktschen-Halbinsel und Seward-Halbinsel bis auf 85 km.

Alaska wird durch zwei riesige Gebirgsketten, die Alaska Range im Süden und die Brooks Range im Norden, etwa gedrittelt. Im unteren Drittel herrscht ein relativ gemäßigtes Klima mit hohen Niederschlagsmengen, im mittleren Drittel ein trokkenes Klima mit wenig Niederschlägen, aber tiefen Wintertemperaturen bis minus 45° Celsius und mehr. Nördlich der Brooks Range liegt arktisches Tafelland mit geringen Niederschlagsmengen und Wintertemperaturen bis minus 30° Celsius. Der Boden hier ist bis in etwa 400 Meter Tiefe gefroren.

Das Land reicht von der Eismeerküste im Norden bis zu gemäßigten Klimazonen im Süden. Ein Drittel des Landes liegt nördlich des Polarkreises. 75 % des Bodens stehen unter Permafrost. Die Gletscherfläche Alaskas beläuft sich auf 4,9 % der Gesamtfläche. Die größte zusammenhängende Eismasse der nördlichen Hemisphäre ist der Columbia-Gletscher mit einer maximalen Ausdehnung von 40 Meilen (1 Meile = 1,609 km). Der Malaspina-Gletscher bedeckt mit 4.275 qkm die Fläche der Schweiz mit Teilen Österreichs und der alten Bundesrepublik und gilt als größter Gletscher der Welt. Die Glacier Bay wird als achtes Weltwunder bezeichnet. Das Land zählt 3 Millionen Seen, 3.000 Flüsse, davon zehn länger als 500 km, darunter mit 2.300 Meilen Länge, nur in Alaska, der gewaltige Yukon und 17 der höchsten Gipfel Amerikas, unter ihnen der 6.189 m hohe Mount McKinley, der höchste Berg der Vereinigten Staaten. Das gesamte Waldareal soll 119 Millionen acres umfassen, von denen 28 Millionen nutzbar sind. Etwa 1,6 Millionen acres sind landwirtschaftlich bebaut, davon im Jahre 1970 64 qkm mit Getreide.

131 Millionen acres sind Naturschutzgebiet im weitesten Sinne. Das ist doppelt soviel wie in der alten Bundesrepublik. Zu den Naturschutzgebieten in Alaska gehören: National Parks, National Preserves, National Monuments, National Wildlife Refuges und National Forests.

Das Land ist in Teilen vulkanisch. Erdbeben von ungewöhnlicher Stärke und Vulkanausbrüche haben in den Jahren 1912, 1958 und 1964 weite Gebiete verwüstet. 1964 wurde Anchorage stark betroffen und Valdez fast völlig zerstört. Alaska verzeichnet im jährlichen Mittel zehn bis fünfzehn stärkere Beben; zwischen 1899 und 1982 neun Beben, 8 oder stärker auf der Richterskala, 70 stärker als 7. Berühmt ist das „Tal der 10.000 Rauchsäulen" auf der Peninsula im Katmai National Monument. Der letzte große Ausbruch des Mount Augustine fand im Frühjahr 1986 statt.

Einwohner

Alaska zählt nach Angaben von 1984 523.000 Einwohner, davon 13 % Ureinwohner. 1906 waren es erst 50.000 , 1950 128.000 und 1960 bereits 226.000 Einwohner. 180.000 Menschen leben in Anchorage und 54.000 in Fairbanks. Die Hauptstadt ist nicht Anchorage, sondern Juneau im Panhandle mit 15.000 Einwohnern. Zu 99 % kann Alaska als unbewohnt gelten und ist damit das am dünnsten besiedelte Gebiet der Welt. Die Bevölkerungsdichte beträgt 0,2/qkm. In der Mongolei, die ich 1977 besuchte, sind es 0,8/qkm und in der Bundesrepublik Deutschland 233/qkm im Jahre 1990 vor der Vereinigung.

Verkehr

Das Straßenverkehrsnetz ist dünn und endet nördlich von Fairbanks. Rückgrad des Verkehrs ist der 1942 im Rahmen der Verteidigungsbemühungen Amerikas im zweiten Weltkrieg erbaute Alaskan Highway, der von Dawson Creek/Alberta durch Kanada nach Fairbanks über eine Strecke von 2.430 km führt. Das gesamte Highway-Netz umfaßte 1984 15.315 Meilen.

Es gibt nur eine Eisenbahnlinie, die Seward über Anchorage mit Fairbanks verbindet und 470 Meilen lang ist.

Hauptverkehrsmittel ist das Flugzeug. Rund 12.000 geprüfte Buschpiloten und über 200 Lufttaxiunternehmen stehen zur Verfügung. Etwa 9.500 Kleinflugzeuge sind registriert und 1.000 Flugplätze, respektive Landepisten. Auf 56 Einwohner kommt ein Flugzeug, und jeder 46. Einwohner ist Pilot.

Wirtschaft

Wichtigste Bodenschätze sind Antimon, Chrom, Eisen, Gold, Kobald, Kohle, Kupfer, Molybden, Nickel, Öl, Platin, Quecksilber, Titan, Wolfram und Zinn. Von den in den USA als wichtig bezeichneten 33 Mineralien soll in Alaska nur ein einziges fehlen.

Erst seit wenigen Jahren wird das Öl durch eine Pipeline aus dem Norden Alaskas über 1.270 km zum Pazifikhafen Valdez transportiert. Die Ölvorkommen nördlich der Brooks Range werden auf 120 Milliarden Hektoliter geschätzt.

Große Reserven stecken in den bisher kaum genutzten Wasserkräften des Landes.

Noch 1968 war der größte Einzelhandelsposten Alaskas der Gegenwert für Fische und ähnliche Meerestiere wie Krebse etc. in einer Größenordnung von gut 120 Millionen Dollar. Der Lachs hat einen Anteil von 80 %. Mehr als die Hälfte der Welterzeugung an Büchsenlachs stammt aus Alaska. Nach dem Lachs ist nächstbedeutend der King-Crab.

Nicht unerwähnt bleiben sollte das immense ökonomische Gewicht der militärischen Stationierungen aufgrund der strategischen Bedeutung des Landes. Von den 500 Millionen Dollar Bruttosozialprodukt entfallen 300 Millionen auf das Verteidigungsbudget. 1939 lagen 524 Mann USA-Truppen in Alaska, 1941 3.000 und 1943 152.000 zuzüglich 74.000 Zivilpersonen; 1987 lagen etwa 45.000 Mann im Lande.

Zelluloseholzwirtschaft, Jagd und Pelzerzeugung sowie Fremdenverkehr sind mehr und mehr ins Gewicht fallende Wirtschaftsfaktoren. 1986 sind 211.687 Jagdlizenzen mit einem Gegenwert von 4,28 Millionen Dollar vergeben worden. Etwa 1 Million Touristen bereist heutzutage das Land.

Alaska ist nicht nur der flächengrößte Staat der USA, sondern auch der teuerste, mit Preisen, die um 25 bis 35 % über denen im übrigen Amerika liegen. Zugleich weist Alaska die höchste Arbeitslosenquote der Vereinigten Staaten aus.

Vorbereitungen

Bei meinem ersten Aufenthalt wählte ich ein Indianer-Reservat am Tetlin-River in den Mentasta-Bergen im Norden des Wrangell-Gebirges. Ich buchte für zwanzig Jagdtage auf Elch, Grizzly und Dallschaf. Diese Entscheidung fiel im Herbst 1978, ein Jahr vor dem Start.

Es begann ein Jahr der Vorbereitungen, die ich genüßlich verteilte und intensivierte. Kaum ein Monat verging, da nicht Briefe zwischen mir und meinem designierten Führer hin- und hergingen. Hinzu kam der Schriftwechsel mit Botschaft, Konsulat, Reisebüros, Fluglinien, Hotels und manch anderen Ansprechpartnern. Ich verschlang alles, was an einschlägiger Literatur (s. Anhang) zu beschaffen war. Im zweiten Halbjahr wurde zu Hause ein Zimmer reserviert, in dem ich das Reisegepäck zusammentrug. Nun hieß es sortieren, ändern, ergänzen, verwerfen (s. Anhang).

Wichtig ist die Frage des Allein- oder Gemeinsamjagens. Wer den Reise- und Jagdkameraden braucht, tut gut daran, sich seinen Begleiter sorgfältig auszuwählen. Er sollte ihn so gut kennen, daß er sich zutraut, drei oder vier Wochen ohne Streit und Eifersüchteleien mit ihm zusammensein zu können. Zuverlässigkeit und Toleranz sind unverzichtbare Voraussetzung für ein Aufeinanderangewiesensein in der Wildnis.

In etwa gleiche körperliche Fitneß ist ebensowichtig wie ein entsprechender geistiger Horizont, Übereinstimmung in moralischen Begriffen, ähnliche wirtschaftliche Verhältnisse und gleiche Einstellung zu Sauberkeit und Hygiene. Wenn das alles nicht paßt, können solche Wochen der Zweisamkeit nur zu leicht zur Qual werden.

Ich bin beide Wege gegangen. Ich habe allein gejagt und gemeinsam. Den ratsuchenden Jägern eine Empfehlung zu geben, wäre eine Überforderung. Es ist schön, mit einem guten Freund zu jagen. Das Höchstmaß an möglicher Freiheit und Ungebundenheit hat man letztlich wohl nur allein.

Anreise

Das erste wirklich große Erlebnis ist der Flug nach Anchorage – vorausgesetzt das Wetter spielt mit.

Meine Flüge führten unmittelbar von Hamburg oder Frankfurt nach Anchorage, das über die Polroute auf dem Flug nach Tokio angeflogen wurde. Heute sieht das anders aus. Tokio wird von uns aus im Direktflug bewältigt. Nur noch einige nichtdeutsche, europäische Linien fliegen Anchorage an. So die KLM von Amsterdam auf dem Flug nach Seoul und die Swiss Air von Zürich Richtung Tokio. Also ein etwas schwieriger Weg, verbunden mit Maschinenwechsel, was ich im Hinblick auf das Gepäckrisiko gerne möglichst vermeide. In jedem Falle würde ich eine Route wählen, die den Flug über den Pol als ein besonderes Erlebnis einschließt. Ich empfehle eine sehr frühzeitige Buchung, da Flüge über die Polroute fast ständig ausgebucht sind. In Anchorage steigt kaum jemand aus.

Aber, wie gesagt – das Wetter muß mitspielen. Dann beginnt ein Flugerlebnis ganz eigener Art. Kaum hat man die europäischen Küsten Richtung Norden überflogen, beginnt die Arktis, schiebt sich der Festlandblock Grönland in den Kurs. Stunde um Stunde überfliegen wir in 12.000 m Höhe, bei strahlender Sonne und ungehinderter Sicht, ein einzigartiges Panorama. Der Tag begleitet uns während des ganzen Fluges, man überholt die Sonne. Unter einem breiten sich Schnee und Eis, Wasser und Land, Eisschollen und Eisberge, schwarze Erde und brauner Fels, durchzogen von gold-silberschimmernden Wasserbändern. Weißblau der Schnee und milchig das Treibeis im blauen Meer. Eisberge in smaragdgrüner Fassung schwimmen in blauer See. Farbensinfonie, einsame Unendlichkeit, erdrückende, abweisende Kälte, die einen schaudern machen, die einen still und ehrfürchtig werden lassen in der Erkenntnis, Anfang und Ende dieser Erde nahe zu sein. Hier war es immer so – hier wird es immer so sein. Stunde um Stunde starrt man hinaus und kann sich nicht lösen von dieser Karte der Ewigkeit. Ein Bild, wie ich es immer wieder ausgekostet habe; ein Bild, das nie ermüdet oder langweilt, und ein Bild, das Einstimmung in das große Erlebnis Alaska ist. Irgendwann lösen sie sich auf, die Farben der Arktis – weiß, silber, gold, türkis, grau und schwarz –, werden zunächst vom klaren Blau des freien Meeres und dann vom satten Grün und Braun einer gewaltigen, nun alles bestimmenden, Landmasse zurückgedrängt – tief unten liegt Alaska. Der Traum ist wahr.

Die Landschaft unter unserem Flugzeug signalisiert ein Quentchen der Vorstellung von Einsamkeit und Weite zu uns herauf, wie ich sie mit mir hinübergetragen habe. Wir überfliegen den Cook Inlet und setzen gegen 13.00 Uhr – immer noch am selben Tage wie beim Abflug, es ist Mitte August – zur Landung in Anchorage, dem „Luftkreuz der Welt", an. Täglich verzeichnete dieser Flughafen 130 Flugbewegungen von zwölf Luftverkehrsgesellschaften und jährlich einen Durchgang von vier Millionen Passagieren. So jedenfalls war es bis vor kurzem. Die Direktflüge nach Tokio mögen auch hier einiges verändert haben.

Anchorage

In der Halle des Flughafengebäudes eine beeindruckende Schau der wesentlichen in Alaska vorkommenden Wildarten. In großen Vitrinen stehen Braun-, Grizzly- und Schwarzbär, Dallschaf und Schneeziege, Wolf und Moschusochse. Eine großartige Zusammenstellung der heimischen Tierwelt in ausgezeichneten Vollpräparaten. Um die imponierende Vielfalt der Wildpalette dieses Landes zu vervollständigen, sollte an dieser Stelle nicht unerwähnt bleiben, daß auch Volverine und Luchs, Elch, Caribou, Bison, Walroß, Seeotter, Pelzrobbe und Polarbär hier vorkommen. Der Seeotter gilt als Alaskas wertvollstes Tier. Auf den Auktionen in Seattle wurden schon 1937 Stückpreise von bis zu 2.300 Dollar pro Fell erzielt. Aus der Fülle des Flugwildes sind Gänse und Enten, Grouse und Schneehuhn und natürlich der Weißkopf-Seeadler, der Bald Eagle, als Amerikas Wappenvogel zu nennen.

Neben dem International Airport liegt der Lake Hood, der größte Wasserflughafen Amerikas, an dessen Ufern Hunderte privater Maschinen parken. Ununterbrochen starten und landen die kleinen Wasserflugzeuge. Auf dem den See umgebenden Straßennetz hat der „Flugverkehr" Vorrang vor dem Autoverkehr. Die Wasserflugzeuge werden mit Trailern von ihren Parkplätzen an Land zum Start gezogen bzw. nach der Landung wieder zurückgeschafft. Auf diese Weise findet also auch im Weichbild des Sees ein ständiges „Kommen und Gehen" von Flugzeugen auf der Straße statt. 1984 waren auf dem Lake Hood täglich 225 Starts und Landungen zu verzeichnen.

Im Laufe der Jahre habe ich verschiedene Hotels als Quartiere genutzt.

Das „International Inn" liegt in unmittelbarer Nähe des Flughafens auf dem Wege zur Stadt. Das ganze Anwesen strahlt vielversprechendes Lokalkolorit aus. Ein ebenerdiger, weiträumiger, mit viel Holz ausgeschalter Bau. Riesige indianische Totempfähle befinden sich neben dem Eingang. Dieser Stil ist heute durch moderene Umbauten weitgehend verdrängt.

Einmal im „Captain Cook“ abgestiegen zu sein, gehört für meinen Geschmack einfach zu einem Alaska-Aufenthalt dazu. Nirgendwo schnuppert man soviel Atmosphäre des Landes wie hier – und zwar in jeder Hinsicht. Nicht nur der Name des Hauses vermittelt Geschichte. Der große Entdecker ist in allen Räumen gegenwärtig. Schon am Eingang grüßt uns sein Porträt. Karten seiner drei Reisen in den Jahren 1769 bis 1779, Szenen einzelner Ereignisse, u. a. das große Wandgemälde seiner Ermordung auf Hawaii, schmücken die Halle. Unübersehbar ist ein riesiger Polarbär von 3,5 Metern Höhe und 636 Kilogramm Gewicht. Ein Dinner hoch oben im „Crow's Nest“, dem Dachrestaurant des Hotels – am schönsten bei hereinbrechender Dunkelheit – ist unverzichtbar. Salmon oder King-Crabs und dazu eine gute Flasche kalifornischen Weins sollten gewählt werden. Für das alles muß man allerdings einen schönen Batzen Geld auf den Tisch legen. Aber einmal – wie gesagt – sollte man sich dieses Haus und seinen Service leisten.

Gut untergebracht ist man auch im „Westward Hilton“ mit seinem kaum weniger attraktiven Dachrestaurant „Top of the World“. Eine Kategorie niedriger, aber für einen kurzen Aufenthalt absolut ausreichend, ist das wesentlich billigere „Plaza Inn“.

Für denjenigen, der in Anchorage ganz auf eine Hotelübernachtung verzichtet und mit Zelt oder Wohnmobil einen Campingplatz sucht, sei an der Abfahrt Muldoon Road am Glenn Highway der Centennial Park Public Campground genannt.

An sich ist dieses Anchorage eine häßliche Stadt, eine Stadt ohne Atmosphäre. Das Straßennetz rechtwinkelig, wie auf dem Reißbrett gezeichnet, nichts organisch Gewachsenes. Wie könnte es auch anders sein, wenn man bedenkt, daß hier vor nur 60 Jahren einige Hütten und Zelte standen. 1940 lebten dort 4.229 Menschen, und 1964 wurde die Stadt in dem großen Erdbeben in wesentlichen Teilen zerstört. Große, moderne Geschäfts-, Bank- und Hotelbauten stehen neben den wenigen, kleinen, noch existenten Holzhäuschen aus der Gründerzeit. Die eigentliche City beschränkt sich auf die 4., 5. und 6. Avenue, die verhältnismäßig schnell abgebummelt sind. Praktisch für Besucher, die ohne Zeitaufwand ihre wenigen Einkäufe machen wollen. Wohnungen gibt es in dieser City und auch im engeren Umfeld so gut wie gar nicht. Die Bevölkerung wohnt vorwiegend in der Peripherie. Das Holzhaus, in der Regel ein Einfamilienhaus, ist vorherrschend. Auf diese Weise erstreckt sich Anchorage auf ein riesiges Gebiet. Man hat das Gefühl, die Stadt höre überhaupt nicht auf.

Der Eindruck, besonders in manchen Außenbezirken, ist nicht immer erfreulich. Deutlich ist der Einfluß von Arbeitslosigkeit und Alkohol zu spüren. Das gilt besonders für einzelne Bevölkerungsgruppen wie etwa Eskimos und Indianer. Zerlumpte und sinnlos betrunkene Gestalten am Straßenrand sind keine Seltenheit. Die Prostitution blüht. Man sollte allerdings nicht unerwähnt lassen, daß gerade die Eskimos sich in zunehmendem Maße gut integrieren. Sie gelten als technisch begabt. Man findet viele von ihnen als Chauffeure und Piloten. Sie werden auch von weißen Amerikanern durchaus akzeptiert und in familiäre Kontakte einbezogen. Im übrigen gibt man sich viel Mühe, das Stadtbild ansprechend zu gestalten, was unter den klimatischen Gegebenheiten durchaus nicht selbstverständlich ist.

Erste umfängliche und kostenlose Informationen erhält man im Visitor's Information Center, das sehr originell mitten in der Stadt in einer großen Blockhütte untergebracht ist, deren Dach mit Grassoden eingedeckt ist und von dem Blumentöpfe mit Fuchsien in verschwenderischer Fülle herabhängen. Davor liegt der Alaska State Gemstone, mit 2.325 Kilogramm der größte je im Lande gefundene Jadestein. Unübersehbar ist auch der Wegweiser mit Entfernungsangaben zu den nach amerikanischer Meinung bedeutendsten Plätzen der Welt. Daß Berlin oder gar Bonn nicht dazu gehören, wird einem hier deutlich vor Augen geführt. In unmittelbarer Nähe steht das Denkmal Henry Sewards, des US-Außenministers, der Alaska von den Russen erwarb. Beachtenswert ist auch der 42 Meter hohe, aus einer Sitka-Fichte aus Ketchikan gefertigte Flaggenmast.

Auf jeden Fall sollte man sich das in den Jahren 1985/86 neu eingerichtete städtische Museum ansehen, das einen hervorragenden Einblick in die Geschichte des Landes und seiner Eingeborenen ebenso wie in das Kunstschaffen der Neuzeit vermittelt. Zwei Jagdmuseen findet man in den Kasernenbereichen Elmendorf und Fort Richardson; ein absolutes „Muß“ für den Alaskajäger. Amerikanische Soldaten haben hier ihre während ihres Militärdienstes in Alaska erbeuteten Trophäen ausgestellt, z. T. Exponate von Weltrang. Nicht versäumen sollte man auch die Kinovorführung im Alaska Experience Theater in der 6. Avenue. Ein Alaska-Film über Land und Tierwelt, wie er schöner nicht sein kann. Man liegt in seinem Sessel. Der Film läuft über die ganze Kuppel des Raumes. Man hat das Gefühl, selbst im Flugzeug oder im Kanu zu sitzen. Die Bilder stürzen förmlich auf einen zu.

Den Earthquake Park, der als vielgepriesene Attraktion gilt, kann man sich schenken. Das, was von dem 64er Beben noch übrigblieb, ist so verwachsen, daß es für das laienhafte Auge kaum erkennbar ist.

Als Hans und ich damals zum ersten Mal in Anchorage landeten, waren wir neben einem amerikanischen Ehepaar die einzigen Fluggäste, dic die Boing verließen, bevor sie zum Weiterflug nach Tokio abhob.

Der Empfang am Flughafen ist höflich, ja fast freundschaftlich. Die Identifizierung als deutscher Jäger fällt natürlich nicht schwer. Die uns gestellten Fragen dienen weniger der Kontrolle, sie sind vielmehr engagiertes Interesse. „Wo kommt Ihr her? Ich war auch mal in Germany – als Soldat. Meine Familie stammt von drüben. Was wollt Ihr jagen und wo?“ Dazu gleich einige Hinweise und Tips zu Land und Wetter. Irgendwie fühlt man sich schon so ein wenig zu Hause.

Unser Gepäck ist vollzählig mit uns gelandet. Die gesamte Bagage der Alaskaner, die mit uns geflogen sind, muß auf der Anreise von Frankfurt über Hamburg irgendwo hängengeblieben sein. Das zeigt wieder einmal, welches Gepäckrisiko wiederholtes Umsteigen und Wechseln der Linien gerade für solche Unternehmen bedeutet. Wenn irgend möglich, sollte man also Direktflüge buchen.

Schwer bepackt ziehen wir zum Mietwagenschalter, wo uns nach wiederum intensiver Befragung über Herkommen und Jagdabsichten die Schlüssel für unseren kleinen Dodge ausgehändigt werden, der vor dem Flughafengebäude auf uns wartet und mit dem wir zu unserem Hotel „International Inn“ starten. Auf dem ungepflasterten, unebenen, staubigen Parkplatz stehen ausschließlich große, amerikanische Straßenkreuzer, verschmutzt und verbeult, zwischen denen sich unser kleiner Mietwagen ein wenig hilflos ausnimmt. Eingangshalle und Aufenthaltsräume des Hotels sind mit hervorragenden Wildpräparaten ausgestattet. Elch, Caribou, Dallschaf, Schneeziege, Schwarzbär, Wolf und Volverine zieren die Wände und beflügeln unsere Wunschvorstellungen.

Die Zimmerreservierung, die wir über die Fluggesellschaft und nicht unmittelbar vorgenommen haben, ist an der Rezeption nicht festzustellen. Aber das Haus ist nicht ausgebucht, so daß wir unschwer die benötigten Einzelzimmer bekommen, die voll unseren Ansprüchen genügen. Ein gründliches Bad frischt unsere Lebensgeister wieder auf. Telegraphisch melden wir zu Hause unsere Ankunft. Ansichtskarten künden Familie und Freunden den Beginn unseres Abenteuers.

Neben einem Stadtbummel durch Anchorage gibt es für uns als Jäger natürlich eine Reihe spezieller Anlaufstellen.

Wichtig ist der Besuch eines Jagdausrüsters. Hier können Lizenzen und Wildmarken (tags) gelöst werden. Und sicher wird auch noch der eine oder andere Ausrüstungsgegenstand benötigt. Regenkleidung und Gummistiefel könnten wichtig sein, ebenso wie Mückenschutz. Amerikanische Messer sind von erstklassiger Qualität und, was hier selten ist, relativ preisgünstig. Ich empfehle als Jagdausrüster die Firma Mountain View Sports Center, 134 South Park Street, Anchorage, Alaska 99508; allerdings im Außenbezirk gelegen und nur per Wagen erreichbar.

Ich gehe auch grundsätzlich vor der Jagd zum Präparator oder wie man hier sagt zum Taxidermist. Aberglaube hin, Aberglaube her – man kann manches über die Behandlung der Trophäen erfahren, Preise erfragen, Auskünfte über Transport und vieles mehr erhalten. Ich habe gute Erfahrungen mit der Firma D & C Expeditors, Inc., 1200 East, 76th Avenue, Suite 1228, Anchorage, Alaska 99518, Phone (907) 344-9719, gemacht. Man sollte allerdings wissen, daß die Einfuhr roher Trophäen in die Bundesrepublik wesentlich billiger ist als die fertiger.

Die Drei vom Tetlin River

Das Frühstück am Morgen unseres Aufbruchs ist schon recht zünftig. Reichlich Speck mit Eiern. Um uns herum ist ein zusammengewürfeltes Häufchen bunter Gestalten, unter denen wir in keiner Weise auffallen – wenn man von unseren bundesdeutschen Bundhosen absieht.

Mit dem Mietwagen nach Gakona

Um 8.00 Uhr rollen wir auf dem Highway Nr. 1, dem George Parks Highway, Richtung Nordosten. Übrigens – auch an die Himmelsrichtungen muß man sich in seinen Vorstellungen gewöhnen. Die Lower States liegen jetzt im Südosten und Rußland im Westen.

Hans übernimmt das Steuer. Er chauffiert aus Leidenschaft, während ich gut danebensitzen kann und so viel mehr von der Landschaft habe. Das Wetter ist teils sonnig, teils bewölkt. Die Sicht ist gut. Temperatur um 18 ° C.

Wir lassen uns Zeit. Machen mal hier, mal dort eine kurze Unterbrechung, um zu photographieren und sehen uns in die Landschaft ein, die nun für drei Wochen unsere tägliche Umgebung sein wird.

Je weiter wir aus dem Weichbild der Stadt Anchorage herauskommen, desto deutlicher wird uns, daß wir in ein unbesiedeltes Land hineinfahren. Kaum noch Ortschaften, am Straßenrand selten ein Haus, ein Drugstore, ein Motel. Alles, was man an Gebäuden sieht, macht einen für deutsche Verhältnisse ungepflegten Eindruck. Die Häuser selbst in Holzbauweise. Die Grundstücke sind übersät mit allem, was man nicht mehr braucht: Abgewrackte Autos, Blechtonnen und Kanister. Ja, man muß es schon so bezeichnen: Schrott und Müll.

Auf manchen Grundstücken entdecken wir das „Cache“, eine auf Holzpfählen etwa sechs bis acht Meter über der Erde errichtete Vorratskammer als Sicherung gegen die Bären.

Meist sieht man die menschlichen Behausungen gar nicht, sondern erahnt sie. An der Straße sind auf einem Holzgestell mit Namen versehene Blechkästen angebracht – Briefkästen. Irgendwo dahinter im Busch liegen die Hütten.

Gelegentlich parallel zur Straße, meist in der Nähe eines Restaurants, eine kurze behelfsmäßige Rollbahn für die kleinen Privatflugzeuge, die urplötzlich irgendwo immer wieder auftauchen. Hier und da an einem See eine Hütte und davor ein Wasserflugzeug.

Am Ende des Knik Arm, dem nördlichsten Ende des Cook Inlet, teilt sich der Highway. Der George Parks Highway führt als Highway 3 über Vasila nach Fairbanks. Der Glenn Highway geht als Highway 1 über Palmer durch das Matanuska Tal über Glennallen nach Tok am Alaska Highway Nr. 2. Wir folgen dem Glenn Highway Richtung Glennallen.

Je länger wir fahren, desto bergiger wird die Landschaft. Wiederholt kreuzen wir den Matanuska, einen breiten Fluß, der aber um diese Jahreszeit nur verhältnismäßig wenig Wasser führt. Mit zunehmender Entfernung vom Meer schneidet er sich tiefer und tiefer in das Gelände ein, bis die Ufer von cañonartigen Wänden gesäumt werden. Fuhren wir zunächst zeitweise noch durch geschlossene Waldungen, lockern sich nun die Bestände mehr und mehr auf. Das immer mehr vorherrschende Bild ist eine weite, mit kleinen Seen durchsetzte Hochmoorlandschaft, übersät mit Gruppierungen und Einzelexemplaren von Nadelbäumen. Bestimmend für die Waldbestände, die wir berühren, sind Sitka, Hemlock, Zeder und Weißfichte, Pappel, Erle, Weide, Birke und Espe.

Gelegentlich lesen wir am Straßenrand Schilder mit der Beschriftung „Drunken forrest“. Eine Schicht des baumbestandenen, durchwurzelten Bodens löst sich im Laufe des Sommers von dem harten Untergrund des Permafrostes und rutscht, begünstigt durch die Niederschläge, von Unebenheiten und Berghängen ab. Durch dieses Geschiebe geraten die Bäume aus ihrer senkrechten Lage, stehen kreuz und quer durcheinander und sterben zu einem großen Teil ab, weil die Wurzeln keine feste Verankerung mehr im Boden finden.

Andere Straßenschilder deuten symbolisch auf Elch- und Caribou-Wechsel hin. An dieser Stelle schon einmal ein Hinweis auf eine der Hauptwildarten des Landes – das Caribou, nicht zu verwechseln mit dem weitgehend domestizierten Rentier des europäischen Nordens. Es bevölkert fast ganz Alaska, nur abgesehen von den unmittelbaren Küstenregionen des Westens und Südens. Die Bestände lassen sich wahrscheinlich auf etwa 750.000 Stück schätzen. Die Tiere ziehen in riesigen Herden, die bis zu 350.000 Stück zählen, zwischen ihren bewaldeten Wintereinständen und den Sommeräsungsflächen auf den Tundren hin und her. Die einzelnen Herden tragen Namen, wie z. B. die Nelchina-Herde, deren Wechsel wir auf unserer Fahrt kreuzen. Die Caribou-Strecke Alaskas beträgt jährlich etwa 20.000 Stück. Allerdings sind diese Schätzungen problematisch, da die Strecken der Eskimos und der Indianer oft kaum erfaßbar sind. Das Caribou ist übrigens die einzige Hirschart, bei der männliche und weibliche Stücke Geweihe tragen, wenn auch in unterschiedlicher Stärke. Ein ausgewachsenes Caribou erreicht ein Gewicht von bis zu 180 Kilogramm.

Besonderheiten der Straßenschilder ziehen in aller Herren Länder die Aufmerksamkeit der Touristen auf sich. Neben „Drunken forrest“ und „Wildwechsel“ ist außerdem hier in Alaska auch der Zustand aller Straßenschilder erwähnenswert. Bis in die Peripherie von Anchorage finden wir nicht ein Schild, welches nicht von Kugelschüssen verschiedenster Kaliber durchlöchert, zum Teil regelrecht zersiebt ist. Die Schilder entlang den Straßen sind für den Alaskaner offenbar die reizvollsten und praktischsten Zielscheiben für den Tagesbedarf.

Auffällig ist außerdem die Linienführung der Telegraphenmasten. Leitungen, welcher Art auch immer, sind überirdisch verlegt. Die Masten, die in unseren Regionen in Reih und Glied schön senkrecht aufgereiht stehen, werden drüben der jeweiligen geologischen Struktur und der Frosttiefe entsprechend so in den Boden gerammt, wie es am einfachsten und zweckmäßigsten ist. Neben dem „Drunken forrest“ stehen so endlose Reihen betrunkener Telegraphenmasten.

Nach etwa dreistündiger Fahrt treffen wir zum ersten Mal auf die Schnee- und Gletscherzone. Die Gletscherzunge des gewaltigen Matanuska-Gletschers berührt fast die Straße. Wir sehen nur den Ausfluß des ewigen Eises. Sein Ursprung ist weit hinten in der Bergregion der Chugach Mountains, die das Mantanuska Valley nach Süden hin begrenzen. Im Norden des Tales liegen die Talkeetna Mountains. Der Matanuska-Gletscher ist 43,5 Kilometer lang. Noch vor etwa 18.000 Jahren reichte er bis in die Gegend von Palmer. Das entspricht einer Verkürzung von etwa 95 Kilometern.

Die Straße umrundet die Sheep-Mountains, ein für die Jagd gesperrtes Areal, in dem wir hoch oben im Fels die Dallschafe wie kleine weiße Wattebausche herumturnen sehen.

Irgendwo auf einem einsamen Straßenabschnitt zwei graue Gestalten. Wie aus einem Munde unser Aufschrei: Wölfe! Schon sind sie im Unterwuchs verschwunden. Oder waren es nur streunende Hunde? Ich bin mir heute noch nicht darüber im klaren.

Zu später Mittagszeit erreichen wir bei Glennallen den Highway 4 und kreuzen hier die Ölpipeline. Wie ein riesiges silbernes Band durchschneidet sie die weiten Wälder. Der Highway 4 führt als Richardson Highway weiter Richtung Paxson. Wir folgen dem Highway 1 und erreichen nach Überschreiten des Gulkana River und des Gakona River die kleine Ortschaft Gakona mit etwa 200 Einwohnern.

Kennys Heim

Gakona soll das vorläufige Ende unserer Autofahrt sein. Hier wohnt Kenny mit seiner Familie, auf dessen Kennenlernen wir nun sehr gespannt sind. Wir suchen auf eigene Faust. Straße auf, Straße ab, nichts. Dann erkundigen wir uns in der Gakona Lodge & Trading Post. Zunächst Kopfschütteln, dann, nach genauer Erklärung unseres Anliegens, das verstehende „Aha“. Etwa drei Kilometer weiter ein schmaler Weg in den Wald, irgendwo ein Zaun. Wir fahren noch einige Male in die Irre. Schließlich landen wir an einer kleinen verwilderten Hütte, aus der uns ein junger „Siegfried“ entgegenkommt. Das kann nach allen Beschreibungen nur Chuck, Kennys Partner, sein. Ja, es stimmt. Er stellt uns seine Frau vor, schiebt sich zwischen uns auf die Vordersitze und dirigiert uns einige hundert Meter weiter auf eine kleine Lichtung. Hier steht, mitten im Wald, mit weitem Blick hinaus übers Tal auf Wälder und Berge, ein geräumiges Blockhaus. Begrüßt werden wir von Mary, die gemeinsam mit Mutter und Enkelkindern das Haus hütet, während Mann, Sohn und Schwiegertochter schon im Camp auf uns warten. Zum Empfangskomitee gehört außerdem Bob, ein US-Amerikaner aus Oregon, der als Dritter im Bunde gemeinsam mit uns am Tetlin River jagen wird.

Schnell wird der geschäftliche Teil des Unternehmens erledigt. Ein Drittel des Honorars hatten wir schon ein halbes Jahr im voraus einzahlen müssen. Die restlichen zwei Drittel kommen nun auf den Tisch der Blockhütte, und der Rest ist Hoffnung.

Wir etablieren unseren Wagen in einer Waldschneise. Das Gepäck wird umgeladen in den Landrover von Mary. Schon nach kurzem Aufenthalt geht's weiter, dem Ziel unserer Träume entgegen. Wir steuern über eine Zeitentfernung von etwa zwei Stunden einen See an, von dem uns Chuck mit seinem Wasserflugzeug in das Camp einfliegen soll. Er selbst ist schon vorausgefahren. Wir machen noch Station an einem einsamen Drugstore an der Straße, wo Mary den Nachschub fürs Lager ergänzt. Wir selbst lösen unsere Lizenzen für Elch, Grizzly und Dallschaf.

Das amerikanische Jagdsystem

An dieser Stelle sollte einiges zum amerikanischen Jagdsystem gesagt werden (s. Anhang).

Aus der Geschichte der Vereinigten Staaten ist es zu erklären, daß begriffsnotwendig zum freien Mann auch das uneingeschränkte Recht zum Erwerb und zum Führen von Waffen gehört.

Artikel II der Verfassung der Vereinigten Staaten sagt:

> „A well regulated militia being necessary to the security of a free state. The right of the people to keep and bear arms, shall not be infringed."

Hotel „Captain Cook".

Das Camp.

Unser Schlafzelt.

Der Packzug mit dem ersten Elch.

Mit diesem Recht des freien Waffengebrauchs war ursprünglich das ebenso uneingeschränkte Jagdrecht allerorten verbunden.

Mit zunehmender Besiedlung, dem Ausbau der Verkehrswege und Verkehrsmittel und fortschreitender Modernisierung von Waffen und Optik, wirkte sich die uneingeschränkte Jagdausübung teilweise verheerend auf die Wildbestände aus. In dichter besiedelten, verkehrsmäßig erschlossenen Gebieten, schmolzen die Bestände zusammen.

Zu bedenken ist in diesem Zusammenhang, daß der Amerikaner in seiner Mehrzahl nicht Trophäenjäger, sondern reiner Fleischjäger ist, dessen Interesse sich darauf richtet, die Kühltruhe zu füllen. Und es sind Hundertausende, die hinausziehen in die Wälder und Ebenen, um sich ihren Fleischbedarf für ein Jahr zusammenzuschießen.

Heute besteht das strenge Gebot, Wildbret zu bergen und der menschlichen Verwertung zuzuführen. Jeglicher Kauf und Verkauf von Wildbret ist verboten. Auf der einen Seite wirkt man damit zwar ebenso dem Wildbretverlust wie der Wilderei entgegen. Auf der anderen Seite wird der Jagddruck auf die besiedelten, verkehrsmäßig aufgeschlossenen Gebiete noch mehr verstärkt. Denn nur hier ist der Abtransport des Wildes einigermaßen unproblematisch.

Bei dem immer stärkeren, jagdlichen Raubbau wuchs die Erkenntnis, zur Rettung der Wildbestände in irgendeiner Weise einschreiten zu müssen. Jeder Eingriff in das Jagdrecht aber ist eben aus den geschilderten Gründen eine hochpolitische Frage, vor der sich der Gesetzgeber ebenso wie die nach politischen Gesichtspunkten besetzten Jagdbehörden scheuen. So ging man zunächst in zunehmendem Maße dazu über, Nationalparks riesigen Ausmaßes einzurichten, in denen das Jagdrecht ruht. Auch das hatte eine Erhöhung des Jagddrucks im übrigen Land zur Folge.

Das Lizenzsystem, seine ständige Fortentwicklung und elastische Anpassung an die jeweilige Bestandesdichte war letztlich der einzige Weg, wieder zu erträglichen Verhältnissen zu kommen.

Im Rahmen des Lizenzsystems wird zunächst einmal festgelegt, ob bestimmte Wildarten überhaupt im jeweiligen Jagdjahr freigegeben werden. So bestand bzw. besteht z. B. seit vielen Jahren eine völlige Jagdsperre für Polarbären, Moschusochsen, Bison, Seeotter. Nur Eskimos haben begrenzte Jagdmöglichkeiten innerhalb ihrer Reservate und Jagdbezirke. Darüber hinaus werden in Sonderfällen Spezialpermits für Einzelabschüsse vergeben.

Für die grundsätzlich zum Abschuß freigegebenen Wildarten werden die Jagdzeiten von Jahr zu Jahr neu festgesetzt und zwar für viel kürzere Zeiträume als bei uns; in der Regel nur für wenige Wochen. Die ganze Jagdsaison beschränkt sich auf zwei bis zweieinhalb Monate, unter Hinzurechnung der Frühjahrs-Bärenjagd. Von den einzelnen Wildarten werden dann pro Person nur bestimmte Stückzahlen freigegeben; z. B. ein Elch oder zwei Caribous pro Jahr, aber nur ein Grizzly bzw. Braunbär alle vier Jahre.

Innerhalb der einzelnen Wildart werden auch noch einmal Einschränkungen vorgenommen nach Geschlecht und Alter bzw. Trophäenstärke. So werden beispielsweise generelle Jagdsperren für weibliches Wild bestimmter Arten erlassen.

Oder bei Dallschafen dürfen nur Widder in den Schnecken- bzw. Altersstärken von 7/8-curl erlegt werden.

Jede Einzellizenz muß gekauft werden. Die Erträge fließen dem Staat zu. So beträgt z. B. 1991 die Lizenz für Elch 600 Dollar, für Braunbär 650 Dollar und für Caribou 500 Dollar. Das sind Preise für auswärtige Jäger in Alaska, wobei auch der nichtalaskanische Amerikaner als auswärtig gilt. Die Preise für Alaskaner selbst liegen niedriger. Die Lizenz muß vor Jagdbeginn gelöst werden und verfällt, wenn der Abschuß nicht zustande kommt.

Es ist zwar erlaubt, daß nicht lizensiertes Wild aus Not erlegt wird, etwa der annehmende Bär. Dann sind aber Decke und Schädel abzuliefern.

Die Kontrolle als solche scheint relativ perfekt zu sein und auch respektiert zu werden. Beim Erwerb der Lizenz erhält man den Durchschlag in doppelter Ausfertigung, dazu eine Metallmarke („tag"). Ein Exemplar der Lizenz erhält nach Erlegung der Guide, das andere führt man bei sich. Die Metallmarke wird am Stück angebracht. Vom Elch müssen die Unterkiefer abgeliefert werden, vom Grizzly ein bestimmter Zahn aus dem Unterkiefer. Die Game-Warden sind mit Hubschraubern ausgerüstet. Mit ihrem plötzlichen Erscheinen wird überall und ständig gerechnet.

Wenn auch heute noch zweiffellos die Fleischjagd die Hauptrolle spielt, so nimmt doch die Bedeutung der Trophäenjagd zu.

„Boon & Crocket" ist ein Begriff unter amerikanischen Jägern geworden. In das „Buch" zu kommen, ist *des Schweißes der Edlen* wert. Auch „Fair Chase" wurde ein Begriff. So darf z. B. nicht mehr am gleichen Tage per Flugzeug gelandet und gejagt werden. Der Einsatz von Hubschraubern ist ausschließlich Militär und Polizei vorbehalten. Die Zahl der Bogenschützen, die nicht nur Elch und Caribou, sondern auch den Grizzly bejagen, nimmt zu.

In diesem Zusammenhang mag die Bedeutung des ausländischen Gastjägers für Alaska von Interesse sein. 1987 waren 53 % der Braunbärjäger Ausländer. Bei Schwarzbären waren es 19 % und bei Dallschafen 63,3 %. 13 % der Elchjäger waren Ausländer. Man erkennt also auch einen deutlichen Unterschied der Anteile, je nach Bewertung der Wildart bzw. Trophäe.

Mit der Piper zum Camp

Aber zurück zum kleinen Drugstore an der Straße. Nach Verproviantierung und Erwerb der Lizenzen rollen wir noch zig Kilometer weiter, um schließlich am Ufer eines für alaskanische Verhältnisse größeren Sees zu halten, wo Chuck mit seinem Wasserflugzeug auf uns wartet.

Eine kleine, eine winzige, wie uns scheint, klapprige Maschine vom Typ Piper schaukelt dort am Kiesstrand. Am Ufer zwei Blechtonnen mit Benzin und eine Handpumpe. Chuck eröffnet uns, daß er nur jeweils einen Passagier und dann das Gepäck transportieren kann. Mary packt geschmierte Stullen und Saft aus. Und dann beginnt der Einflug ins Camp und das damit verbundene Warten.

Zuerst ist Bob dran. Nach einer Stunde rauscht der Vogel wieder über den See. Und nun ist es an mir. Zunächst mal muß die Maschine aufgetankt werden. Ein Blechkanister mit Tuchfilter wird auf den Tank gesteckt. Ich, noch mit Reiseschuhzeug, komme auf Chucks Buckel und werde auf einem Schwimmer abgesetzt. Eng zusammengepfercht hocken wir schließlich in dieser Miniausgabe von Flugzeug. Gemütlich tuckert das Maschinchen zum Ende des Sees. Und dann geht's aufwärts. Wie beim Skilauf. Ein wenig auf dem linken Schwimmer, ein wenig auf dem rechten. Eine weite Schleife.

Unter uns ein ausgedehntes Flußdelta. Die letzte Straße. Und dann das, was ich mir erträumt hatte: Wälder, Berge, Seen. Zunächst eine weite Sumpflandschaft; kleine Seen wie Augen in Wald und Moor. Allmählich Übergang ins Bergland. Die kleine Maschine folgt den Taleinschnitten, gleitet an Berghängen, an Felswänden entlang, senkt sich in Täler, hebt sich über Sättel. Chuck zeigt nach unten: Elch – Bär! Ich vermag nicht so schnell aufzunehmen. Er zieht eine Schleife, tief nach unten, dreht, fast senkrecht auf einer Tragfläche stehend, eine enge Kurve – ja, jetzt sehe ich das Wild unter mir. Zum ersten Mal die hellen Schaufeln des Elchs, die braune, rollende Kugel des Bären. Die Maschine hebt und senkt sich. Am Gegenhang weiße Punkte – ein Rudel Dallschafe, etwa 20 Stück.

Es ist schwer beschreibbar, dieses Gefühl der ersten Konfrontation zwischen jahrzehntelangem Traum und Wirklichkeit. Unberührte Wildnis, zum erstenmal vor Augen. Elch und Grizzly zum ersten Mal nicht nur Gegenstand von Erzählung und Literatur.

Campleben

Und dann vor uns wieder ein blaues Wasser. An dessen Ende einige weiße Punkte. Kräuselnder Rauch. Die Maschine verliert an Höhe, zieht eine enge Schleife auf die Wasserfläche zu. Unmittelbar unter uns Zelte, Pferde. Schon sprüht das Wasser des kleinen Bergsees unter den Schwimmern auf. Sanft gleiten wir dem Ufer zu. Das Camp in den Mentastabergen ist erreicht.

Ein drahtiger, bärtiger Endfünfziger reicht mir die Hand: „Ich bin Kenny!" Ein ebenso bärtiger Dreißiger wird als Sohn Dan vorgestellt. Chuck eingerechnet, war das also unsere dreiköpfige Führermannschaft. Chuck startet, um Hans und dann noch einmal, in einem letzten Flug das Gepäck zu holen. Im Küchenzelt begrüßt mich eine frische junge Frau: „Ich bin Rita, Dans Frau und Kennys Schwiegertochter." Sie ist verantwortlich für unser leibliches Wohl.

Und nun einige Worte zum amerikanischen Guide.

Ursprünglich war jeder Jäger, auch der Ausländer, im Rahmen des an anderer Stelle geschilderten Lizenssystems berechtigt, allein zu jagen. Ausgenommen war die Jagd auf Braunbär und Schaf. Hier mußte sich der Nichtalaskaner eines Guide bedienen. Seit 1983 darf der Ausländer, unabhängig von Wildarten, nur noch mit lizensiertem Führer jagen. Der Guide selbst darf nicht jagen und Waffen nur zum Schutze des Jagdgastes führen.

Man unterscheidet zwischen Assistent-Guide, Registered-Guide und Master-Guide. Lebensalter, Dauer des Jagens im Lande, Prüfungen, Zulassungen, Empfehlungen etc. sind maßgebend für die Einstufung. Zu dem Guide hinzu kommt noch der Outfitter, der ständige Camps unterhält und Bürgschaften hinterlegen muß.

Wollte ich unsere drei Guides einstufen, so wäre Kenny Outfitter und Master-Guide, Chuck ebenfalls Master-Guide und Dan Assistent-Guide.

Es sind prächtige Burschen, diese Guides, unter Einschluß der kleinen Rita.

Kenny hat, als typischer Amerikaner dem Jobdenken verhaftet, ein schillerndes Leben hinter sich. Studium der politischen Wissenschaften, Kriegsjahre bei den Ledernacken im Pazifik, Assistent bei Goldwater, Parlamentarier und Senator-Kandidat in einem US-Bundesstaat. Enttäuscht zog er sich vor 15 Jahren aus der Politik zurück. Seitdem jagt er als Guide und Outfitter. Intelligent, tiefreligiös, geradezu fanatisch freiheitsliebend.

Der Vater von Chuck war jahrelang Kennys Partner und hat sich nun, zugunsten seines Sohnes, aufs Altenteil zurückgezogen. Chuck mit seinen etwa 28 Jahren ist ein Mordsbursche. Seit seiner Kindheit besteht das Leben für ihn allein aus Jagen und später aus Fliegen. Und er tut beides aus Leidenschaft. Als elfjähriger Junge streckte er seinen ersten Polarbären. Was dieser

Mann an Kraft, Energie und Ausdauer in sich vereinigt, ist unvorstellbar. Und doch paart sich mit dieser Körperkraft eine stille, bescheidene, fast zaghaft-zarte Persönlichkeit. Gläubigkeit, untergründiger Humor und Schlagfertigkeit sind ebenso beeindruckend wie sein literarisches Interesse und seine Musikalität. An manchem Abend hören wir seinen wohlklingenden Bariton zur Gitarre aus dem Küchenzelt klingen. Er dichtet und komponiert selbst kleine Lieder, die er meist nur für sich alleine singt und spielt.

Dan und Rita, ein junges Ehepaar mit zwei Kindern, ganz von der Lebensweise der Eltern geprägt. Irgendwo in den Nordstaaten haben sie einige Jahre Rinder gezüchtet. Nun wollen sie auch hierbleiben bei den Eltern und jagen.

Im Winter, wenn das Gästecamp geschlossen ist, trappen die Männer oder jagen unter Einsatz ihres Flugzeuges auf Wölfe. Das Gewicht eines ausgewachsenen Timberwolfs liegt bei 50 bis 80 Kilogramm. Etwa 500 bis 1.000 Wölfe werden jährlich in Alaska erlegt bzw. in den meisten Fällen gefangen. 6.000 bis 8.000 hauptberufliche Trapper sollen noch heute in Alaska tätig sein.

Zurück zum Lager. Es dämmert schon, als auch Hans eintrifft. Als erstes beziehen wir das Schlafzelt, unsere Heimat für nun 18 Tage. Ein Hauszelt, etwa mit den Abmessungen 2 × 3 Meter, aus weißer Leinwand. Die helle Zelthülle hat den großen Vorteil, daß man am Tage immer ausreichend natürliches Licht hat. Das Gestänge hat der umliegende Wald geliefert. Ins Dach ist ein Loch geschnitten und mit Asbest isoliert, wodurch das Rohr des kleinen Kanonenofens geführt ist, der für uns zum Inbegriff von Geborgenheit und Gemütlichkeit werden wird. Daneben ein Stapel Holz, für dessen ständige Ergänzung wir selbst sorgen. Auf der anderen Seite des Ofens zwei in den Boden geschlagene Pfähle mit einigen Nägeln zum Aufhängen von Waffen und Kleidung. An einer Längsseite und der Stirnseite die beiden Feldbetten, d. h. Drahtgestelle mit einer Auflage, die wir bei uns kaum noch als Matratze zu bezeichnen wagen würden. Neben jedem Bett ein Baumstubben als Nachttisch. Und an der Decke, als Spitze des Komforts, eine Petroleumlampe. Der Boden so, wie ihn die Natur geschaffen hat. Unsere paar

Klamotten sind schnell verstaut. Im wesentlichen leben wir aus dem Seesack.

Dann geht es an die Inspektion des Lagers. Unser Zelt steht ein wenig abseits, dem See zugewandt. Unmittelbar neben uns ein US-Army-Rundzelt, in dem sich Bob niedergelassen hat. Sicherlich wetterfester und wärmer als unseres, aber ganztägig dunkel. Am anderen Ende des Camps noch zwei helle Schlafzelte wie unseres für Kenny und Chuck. Dan und Rita leben in dem einzigen festen Bauwerk, eine Art Gartenlaube. An der Tür der schon zitierte Artikel der Verfassung der Vereinigten Staaten.

Das Küchenzelt ist der Mittelpunkt des Lagers. Ein langer, rohgezimmerter Tisch, sauber, mit rot-weißem Wachstuch bedeckt, beidseitig zwei Bänke, Regale für tausenderlei Kochutensilien. Der übliche Kanonenofen. Herd mit Gasflasche. Hier gar zwei Petroleumlampen.

In diesem Zelt, an dieser schlichten Tafel, schlemmen wir, betreut von Rita, wie in einem 5-Sterne-Hotel. Zwei Mahlzeiten vereinen uns sieben tagtäglich. Der Morgenkaffee und das Abendessen. Kaffe, Tee, Juice, Eier, Gewürze und manch andere Zutat der zivilisierten Küche fehlen nicht. Aber die Grundlage der Verpflegung ist das, was die Natur uns in verschwenderischer Fülle liefert: das Wildbret des erlegten Wildes und die Früchte, die rund um uns herum reifen.

Zum Frühstück gibt es allmorgendlich Pancaces: Eierpfannkuchen mit eingebackenen Beeren. Davon werden vier oder fünf handtellergroße Exemplare übereinandergelegt; zwischen jeder Lage reichlich Butter und Sirup oder Marmelade. Dazu Scheiben knusprigen, gebratenen, goldbraunen Specks. Kochendheißer Kaffee oder Tee wecken die Lebensgeister nach kalter Nacht.

Die Abendmahlzeit erwartet uns nach Rückkehr von der Tagespirsch. Es ist mir unvergeßlich, wie Kenny einmal sagte: „Ist es nicht etwas Herrliches, daß man sich, hungrig wie ein Wolf, auf sein Essen stürzt, daß man sich vollschlägt, daß man auf Konventionen beim Essen verzichtet, ja vor Hunger gar nicht an sie denkt.“ Aber bevor sie diesem Hunger freien Lauf lassen, unsere Guides, vereinigen sie sich zum Tischgebet. Dieses Gebet ist keine Farce, es ist nicht auswendig gelernt und nie das gleiche. Es schließt den Dank für das, was einem der Tag bescherte, für das, wofür man behütet wurde, ein. Es vergißt nicht die Bitte für die Nacht und für den Morgen. Ja, und was dann auf den Tisch kommt, ich deutete es an, ist hochwertigste Gastronomie. Elchsteak, Schaffilet, gefüllte Waldhühner in Wachholder, gebackene Graylinge, Elchgeschnetzeltes, Schafsgulasch und vieles mehr. Kaum ein Gericht wiederholt sich. Als Beilage oft warme Beeren. Als Dessert stets eine voluminöse Torte unter Verwendung der Früchte des Waldes. Am 4. September, meinem Geburtstag, präsentiert Rita eine mit 54 winzigen bunten, brennenden Lichtern geschmückte Torte: „Happy birthday to you!" Hans hatte geplaudert.

Und – kein Tropfen Alkohol. Sicherlich hätten wir uns etwas mit einfliegen können. Eigentlich hatten wir nicht daran gedacht. Ich bin froh darüber. Nicht einmal vermisse ich das Bier oder den Whisky. Der körperlichen Leistungsfähigkeit ist diese Enthaltsamkeit von Nutzen. Außerdem wird einem bewußt, daß man dieser verführerischen Droge nicht verfallen ist.

Zurück zur Lagermusterung. Vor dem Küchenzelt unser Waschplatz. Ein Holzgestell mit zwei Waschschüsseln. Auf einem Holzstubben ein Wasserkanister. Meist ist der Inhalt nach kalter Nacht gefroren. Trotzdem bringen wir allmorgendlich eine einigermaßen gründliche Körperwäsche zustande – einschließlich einer zünftigen Naßrasur. Seitdem – es sind mehr als zehn Jahre vergangen – benutze ich keinen Elektrorasierer mehr.

Ein wenig rückwärtiger, unter einigen hohen Fichten, liegt die Badestube. Ein Kistendeckel als Boden. Über einen drei Meter hohen Ast ist ein Tampen gelegt. Daran ein Marmeladeneimer, in dessen Boden ein Brauseschlauch mit Dusche eingeschraubt ist. An zwei Seiten eine ausgediente Zeltplane. Kaum ein Dusche zu Hause vermittelt ein solch wohliges Gefühl wie diese, mit vielleicht zehn Liter heißem Wasser, in frischer Waldluft.

Der dritte Ort der Hygiene, das Plumsklo, versteckt sich ein wenig abseits. Die Plastikplanen als Dach sind vielfach durchlöchert. Längere Aufenthalte bei Schnee oder Regen schließen sich aus. Die Endlosrolle muß mit einer Konservendose geschützt werden, wenn man nicht schon wenige Minuten nach dem Besuch das umliegende Gelände, wie nach Einsatz eines Reißwolfs, verunstaltet finden will: Die Elstern, neugierig, habgierig, verspielt wie bei uns. Anfangs irritierten mich ihre interessierten Blicke aus drei Meter Entfernung bei morgendlicher Verrichtung.

Schließlich im Lager noch der Sattelplatz. Sattelzeug, Tragegestelle, Futter unter einer massiven Überdachung.

Die Pferde, neun kleine, robuste Indianerpferde, weiden frei ums Lager herum. Ein Pferd trägt eine Glocke zum Schutz gegen Bären und zum morgendlichen Wiederauffinden. Wenn nachts die Pferde trotzdem im Lager erscheinen, weiß man, daß Bären in der Nähe sind. Vor Aufgang der Jagd wurden die Pferde in einem mühevollen, mehrwöchigen Treck durch Flüsse und über Berge ins Lager gebracht.

Das Camp liegt an einem sanften Hang, zwischen See und lockerem Fichtenbestand. Der Blick schweift über die, je nach Tageszeit und Wetterlage, mal blauen, mal grauen oder auch von zarten Nebelschleiern überzogenen Wasser. Er wandert weiter über mit zunehmendem Herbst bunte Hänge, in denen Felsen aufsteilen, mit einem Adlerhorst in jäher Wand. Er ruht aus auf ferner Bergregion mit ewigem Schnee. Allein hier zu sitzen und zu schauen ist ein Erlebnis eigener und erstmaliger Art. Vom Lagerleben abgesehen, völlige Ruhe. Das Wissen, daß es im Umkreis von hundert und mehr Kilometern keinen Menschen gibt, außer unserer kleinen Gemeinschaft. Um uns herum nur Natur, nur Himmel und Wasser, Berg und Wald, Pflanze und Tier.

Die Nähe des Wildes wird einem schon mitten im Lager bewußt. Nicht nur die Nähe, sondern auch ein ganz anderes Verhältnis von Mensch und Tier zueinander.

Ruhig und majestätisch zieht der Weißkopf-Adler seine Schleifen hoch über uns und blockt auf seinem Horstfelsen, etwa dreihundet Meter vor uns. Mit melodischem Klong-Klong rudern die Kolkraben über uns hinweg. Dallschafe wechseln in Sichtweite des Lagers von einem Bergkamm zum anderen. Elstern und eine Art Tannenhäher – hier Camprobber genannt – flattern zwischen den Zelten herum und erhaschen jeden Fleischfetzen, der irgendwo im Küchenbereich zu erwischen ist.

Besonders possierliche Lagerbewohner sind die kleinen Erdhörnchen, die einer Miniaturausgabe unserer Murmeltiere entsprechen. Ihre Baue liegen mitten im Lager. Überall huschen sie uns über die Füße. Bis ins Küchenzelt treiben sie ihre Röhren, um möglichst mühelos die Leckerbissen stibitzen zu können. Als es eines Tages zu schlimm wird, greift Rita persönlich zum Revolver, und einer der kleinen Kobolde muß seine Naschsucht bitter bezahlen.

Lustige Spielgenossen sind die Wiesel, die ihr Lager im großen Brennholzstapel aufgeschlagen haben. Chuck amüsiert sich mit ihnen auf besondere Weise. Er schießt ein Erdhörnchen, bindet es an eine Schnur, legt den Köder auf den Brennholzstapel und setzt sich selbst geruhsam in einen Feldstuhl. Schon nach kurzer Zeit erscheint das Wiesel und versucht, sich im Erdhörnchen festzubeißen. Ein kurzer Ruck an der Schnur, die Beute ist weg. Unwilliges Erstaunen beim Wiesel. Hinterher. Wieder ein Ruck, und noch einmal. Immer zorniger wird der kleine Kobold. Schließlich erwischt er seine mühsam erkämpfte Beute auf Chucks Knie.

Ich liege mit Hans im Zelt, wir dösen vor uns hin. Plötzlich ein Rascheln. Unsere Wiesel sind auf Inspektionstour. Am Bein herauf, über den Bauch. Ein Blick dort, ein wenig gewindet. Und schwupp, sind sie wieder draußen. Es hatte sich nicht gelohnt.

Fast jeden Abend, wenn wir von der Tagespirsch zurückkehren, begegnen wir am Rande des Lagers einem Fuchs, der sich ein Vergnügen daraus macht, wie ein verspielter, übermütiger Hund kreuz und quer zwischen den Pferden herumzuflitzen, sich zu verstecken, wieder hervorzuschießen. Bei uns zu Hause würde es heißen: Achtung, Tollwut! Hier wird das Füchslein eines meiner bevorzugten Fotoobjekte.

Und so wie die Tierwelt um uns, ja zwischen und mit uns ist, so ist es auch mit dem Teil der Flora, von dem wir leben. Alaska ist das Land der Bären, aber ebenso auch das Land der Beeren. Was der Herbst hier seinen tierischen und menschlichen Gourmets bietet, ist unvorstellbar. Blaubeeren, Preiselbeeren, Johannisbeeren, Schwarzbeeren, letztere so groß, wie ich sie bei uns nur auf den Nordfriesischen Inseln kenne. Es ist buchstäblich so, daß man sich nicht auf die Erde setzen kann, ohne nicht einen blauen oder roten Podex zu bekommen. Überall, wo wir auf unseren Pirschen rasten, schwelgen wir in Beeren ebenso wie die Bären.

Geweckt werden wir morgens von zwei Geräuschen. Vom Pferdeglöckchen, wenn einer unserer Guides die Tiere herein ins Lager holt. Oder vom Tapsen und Picken der Elstern auf unserem Zeltdach.

Auch das erste Erwachen im Lager ist ein Erlebnis. Die Kapuze des Schlafsacks, dort, wo Mund und Nase freiliegen, ist gefroren. Der Atem steht in der Luft. Tief Luft holen muß man, um aus der warmen Hülle in den eisigen Morgen zu schlüpfen. Aber Unterzeug und Strümpfe haben wir vorsorglich abends in den Schlafsack gestopft, so daß man eigentlich zwei angewärmte Hüllen miteinander tauscht.

Am ersten Morgen werden zunächst einmal die Waffen auf 200 Meter eingeschossen. Bei meiner Weatherby 300 magnum ist das kein Problem; aber auch hier bedarf es mehrerer Schüsse mit entsprechenden Verstellungen des Zielfernrohrs.

Warten, warten ...

Und nun beginnt das, was man auf allen terminierten Jagden, insbesondere im Ausland und vor allem natürlich dort, wo nicht unbedeutende, materielle Investitionen damit verbunden sind, erlebt, ja durchleidet. Der Wettlauf mit der Zeit. Man geizt mit jedem Tag, mit jeder Stunde, die nicht unmittelbar dem Ziel der Jagd gewidmet ist. Warum geht es nicht los? Warum sitzt man im Lager herum? Warum bricht man morgens statt um drei Uhr erst um sieben Uhr auf? Warum rastet man unterwegs stundenlang am Lagerfeuer und schläft dabei sogar? Warum muß eine ganze Lagerbesatzung den Elch einholen? Die Hälfte tät's doch auch. Die anderen könnten weiterjagen.

Aber je öfter man draußen in fernen Ländern jagt, desto bewußter wird einem der Wert des Gesamterlebnisses von Land, Tier und Mitmensch. Desto mehr tritt das Beuteziel in den Hintergrund. Es ist erstrebenswert, es ist schön, wenn es erreicht wird; aber es ist nicht allein das Ziel der Wünsche. Erst dann wird ein solches Abenteuer zu einem Erlebnis, das einen in Erinnerung ein Leben lang begleitet. Irgendwo auf einer Bergeshöh' zu sitzen, im feurig lohenden Beerenkraut, unter einem, in einer Baumgruppe, geruhsam, mal dösend, mal zupfend, die Pferde. Der Blick schweift, teils suchend nach Wild und teils ruhend und schwelgend in einer Fülle von Natur. Dann und dort verliert sich die Unruhe. Die Jagd wird Teil dieses Naturerlebnisses.

Und zu dieser Art des Erlebens gehört es auch, dem Jagen im Lager entgegenzuwarten, sich geduldig zu freuen. Auch ein Tag im Zelt, bei schlechtem Wetter, ist schön. Lesen, Schlafen, Dösen, Entspannen. Nicht die Stunden und Tage zählen, die scheinbar nutzlos verstreichen. Horchen, wie der Wind ums Zelt heult, die Leinwand beutelt, wie der Regen auf das Zeltdach prasselt, der Schnee eine immer dichtere Hülle auf die schützende Behausung legt. Der Kanonenofen bullert dazu sein gemütliches Lied. Und bei einbrechender Dämmerung verbreitet die schlichte Petroleumlampe ein viel anheimelnderes Licht als der prachtvollste Kronleuchter.

Mancher dieser Tage ist uns beschieden. Mal sind es dichte Wolken, die die Berge bis hinunter ins Lager einhüllen. Mal ist plötzlich der Winter eingezogen, als wir morgens aus dem Zelt schauen. Auch diese Tage möchte ich nicht missen.

Wenn Witterungsgründe oder Dispositionen unserer Guides uns an das Lager binden, unternehmen Hans und ich stundenlange Einzelpirschen, die auch irgendwie dazugehören. Man braucht auch einmal das Gefühl des Auf-sich-allein-Angewiesenseins, das Bewußtsein eigener Entscheidungsmöglichkeiten. Wir sind zwar nie in die Lage gekommen, die wirklich letzte jagdliche Entscheidung treffen zu müssen, aber schon der Zwang zur Selbstorientierung schafft eine andere Beziehung zum Land, als wenn man sich in allem und jedem auf seine Guides verlassen kann.

Eine unserer Einzelpirschen brachte Aufregung ins Lager. Etwa zwei Stunden vom Camp entfernt entdeckten wir drei Reiter. Zwei Mexikaner mit ihrem indianischen Führer, wie die Begegnung ergab. Das hatte es in fünfzehn Jahren noch nicht gegeben, obwohl sich die Indianer des Reservats das eigenständige Jagen, gegebenenfalls auch mit Gästen, vorbehalten hatten. Chuck flog zur Klärung der näheren Umstände aus. Und wieder war ein Jagdtag vorbei bzw. angeknackst.

Natürlich muß man ganz generell die Zeit im Griff haben und hier und da auch einmal seine Guides aufmuntern. Ich hatte 20 Jagdtage gebucht. Davon gingen zwei für den Ein- und Ausflug ab. Und von den verbleibenden 18 Tagen fielen sieben aufgrund des Wetters oder anderer Gründe aus.

Bisweilen steigen wir gegen Abend, wenn wir frühzeitig genug im Lager sind, mit Chuck in die Piper und unternehmen einen kleinen Erkundungsflug in die nähere Umgebung. Manch schönen Einblick gewinnen wir dabei in die Wildbestände unseres Reservats. 20, ja 25 Stück Elchwild, sind keine Seltenheit, darunter manch braver Schaufler. Viel Dallschafe, aber selten ältere Widder. Und hier und da auch mal ein Grizzly. Anfangs ist einem immer etwas bang ums Herz, wenn Chuck in engen Kurven interessante Schaufler umkreist oder die Flügel der Maschine beinahe die Bergwände berühren, wenn er versucht, die Widder anzusprechen. Der Bursche hat sein Maschinchen in der Hand wie ein Springreiter sein Pferd.

Vergeblich auf Dallschaf

Unser erstes Weidwerken gilt nun dem weißen Widder, dem Dallschaf. In amerikanischen Jägerkreisen heißt es, man soll seinen „Ram" erlegt haben, bevor man die Mitte der Dreißig erreicht hat. Die Berechtigung dieser Jägerweisheit haben wir zu spüren bekommen.

Das Dallschaf kommt in den Bergregionen oberhalb der Baumgrenze vor. Widder und Schafe stehen meist für sich allein, jüngere Widder gelegentlich bei Schafen, ältere Widder in kleinen Gruppen. Beide Geschlechter tragen Schnecken, die bei dem weiblichen Wild allerdings relativ kurz sind und nur wenig Drehung haben. Geschossen werden dürfen nur Widder mit full curl, das sind 7/8 Drehung. Das Gewicht jagdbarer Widder liegt etwa bei 90 Kilogramm. Ein starker „Ram" ist die begehrteste Trophäe für den amerikanischen Jäger, der oft schon als Junge auf dieses Wild sein Glück versucht. Die Schafsjagd ist diejenige, die am frühesten aufgeht, nämlich in der Regel am 10. August. Das Problem für den ausländischen Jäger, der auf mehrere Wildarten jagen will, liegt darin, daß der Elch erst Anfang

September aufgeht und dann auch erst verfegt hat. Auch die Bärenjagd beginnt erst Anfang September, und die Decke wird immer besser, je später Meister Petz erlegt wird. Beginnt man wie wir also Ende August mit der Jagd auf alle drei Wildarten, ist der Jagddruck auf den starken Widder durch die einheimischen Jäger schon recht massiv geworden. Die Rudel sind schwer zu finden, stehen sehr hoch und sind äußerst heimlich. Hinzu kommt, daß Ende August die Schneefälle in den Bergen beginnen. Nach den letzten, mir zur Verfügung stehenden, statistischen Angaben, betrugen die Abschüsse von Dallwiddern im Jahre 1989 in ganz Alaska 1409 Stück der rund 50.000 außerhalb der Reservate lebenden Wildschafe.

Unser erster Schafstag ist für mich zugleich auch der erste Jagdtag zu Pferde. Zugeteilt wird mir „Socks", eine dunkelbraune Stute mit weißen Strümpfen an allen vier Fesseln. Das Sattelzeug entspricht ganz dem, was man den bebilderten Darstellungen über den Wilden Westen und heute ganz besonders unseren Western-Fernsehfilmen entnehmen kann. Der stark schalenförmige Sattel mit Sattelknopf und Satteltaschen an beiden Seiten. Rechts vor dem Knie das Gewehrfutteral, aus dem der Schaft griffbereit herausragt. Das Zielfernrohr, links am Sattelknopf, für den schnellen Zugriff parat. Trense wird grundsätzlich nicht geritten. Der Zügel ist nicht wie bei uns durchgeführt, sondern besteht aus zwei geteilten Riemen, die sehr lang gehalten werden und, wenn nötig, gleichzeitig dazu dienen, das Pferd anzutreiben.

Wir reiten, so weit mit den Pferden zu kommen ist. Ein kurzes Stück vom Lager, auf einem ausgetretenen Trail, dann weg- und steglos. Der Boden ist anfangs sumpfig und von vielen kleinen Rinnsalen durchzogen. Dann wird das Gelände immer steiniger. Es geht abwärts in steilen Rinnen und fast senkrecht wieder hoch. Hier müssen mein und meines Pferdes Rücken sich natürlich erst miteinander anfreunden. Kurzhalten oder Zügel lang, das geht alles noch ein wenig durcheinander. Auf glattem Gestein abwärts rutschen die Tiere oft aus und setzen sich auf die Hinterhand. Beim steilen Ritt aufwärts gibt es Stöße in den Steiß, wenn man nicht richtig sitzt. Chuck gibt mir den Rat, mich – wenn nötig – immer nach der vom Berg abgekehrten Seite vom Pferd fallen zu lassen, da das Tier selbst, wenn es stürzt, stets auf die Bergseite fällt. So entgeht man der Gefahr, vom Pferd gequetscht zu werden. Eine aufschlußreiche Information für einen angehenden Reitersmann! Heilfroh bin ich, als es in einem engen Bachbett Absitzen heißt, weil es nun so steil aufwärts geht, daß mit den Pferden nichts mehr zu erreichen ist.

Dann beginnt eine böse Schinderei zu Fuß, die mit unserer alpinen Bergpirsch kaum zu vergleichen ist. So weit wie möglich geht es aufwärts im Bachbett, das aber nicht aus Kieseln oder mittlerem Gestein, sondern vornehmlich aus großen Felsblöcken besteht. Mühsam muß, einer nach dem anderen, dieser Blöcke überwunden werden. Da tun sich trainierte Muskeln schon leichter. Dann kommt eine zwar felsige, aber doch mit spärlichen Gräsern bewachsene Zone, die schon ein wenig mehr unseren heimischen Bergregionen ähnelt. Von da an liegt vor uns nur schotteriges Gestein, von Schieferbändern durchzogen. Unendlich mühsam ist das Steigen. Kaum ein Schritt, den man aufwärts steigt, hält; ständig rutscht der grießige Untergrund ein Stück wieder mit einem ab. Nirgends ein Steig oder wenigstens ein Wildwechsel. Haben wir einen Grat erreicht, wird der vor uns liegende Kessel abgeleuchtet. Trotz der meist riesenhaften Ausdehnung dieser Kessel sind sie schnell zu übersehen. Deckung ist, von dem einen oder anderen Felsblock abgesehen, nicht vorhanden. Auf dem grauen Untergrund des Schotters sind die schneeweißen Schafe selbst auf meilenweite Entfernung sofort auszumachen.

Nach wiederholtem Auf und Ab haben wir endlich ein Rudel vor uns. Etwa ein Dutzend Stück. Aber nur Muttertiere mit Lämmern und einige junge Widder. Abseits ein etwa siebenjähriger Widder. Nicht ganz dreiviertel curl, aber wegen schlechter Schneckenform schußbar. Das war damals noch zulässig; heute gilt die absolute full-curl-Grenze. Wir sind zu viert: Chuck und Dan, Hans und ich. Chuck gibt mir den ersten Schuß frei. Abgesehen davon, daß es eine Distanz von etwa 400 Metern ist, lehne ich ohne Überlegung ab. Am ersten Tage und dann diese Trophäe. Nein – nur um des Schusses willen bin ich nicht hierher gekommen. Auch Hans winkt ab. Wir begeben uns auf Warteposition. Vielleicht steigt noch weiteres Wild in den Kessel ein.

Der Wind hier oben wird schneidend kalt. Der Himmel hat sich bedeckt. Wir kriechen in den Schutz einer kleinen Felsnase. Chuck und Dan kuscheln sich ein und schlafen wie Tiere der freien Wildbahn ohne Übergang den Schlaf des Gerechten. Wir sind allein dort droben. Gipfel baut sich über Gipfel. Nur der Wind saust. Die Schafe verschwinden wie kleine weiße Schneeflocken über den gegenseitigen Hang.

Der Abstieg im Schotter wird mir durch meinen Bergstock erleichtert. In gewohnter Weise lasse ich mich abfahren. Aber böse wird es dann im Bachbett auf nassen, rutschigen Felsen. Hier vermisse ich einen Bergschuh mit festem, hochgeschnürtem Schaft. Mein knapp knöchelhoher Stiefel gibt nicht den nötigen Halt. Prompt stürze ich und schlage mir recht übel das Schienbein auf. Aber so etwas muß in Kauf genommen und überstanden werden. Heilfroh bin ich, als wir im dichten Weidengebüsch wieder auf unsere dort angehalfterten Pferde stoßen.

Im Schritt und, wo möglich, im flotten Trab, geht es heimwärts. Als wir wieder den Trail erreichen, führt dieser auf eine Anhöhe, von der vielleicht 200 Meter abwärts und etwa 100 Meter wieder bergauf. Fälschlicherweise der Meinung, abwärts müsse man dem Pferd immer den Zügel freigeben, setzt mein „Socks" nach 50 Metern zum kurzen Galopp an, der dann in gestreckten Galopp bis zur Höhe übergeht. Hinter mir dröhnendes Gelächter meiner drei Gefährten. Ein großes Pflaster auf der verlängerten Rückseite ist die Folge dieses ersten berittenen Jagdausfluges.

An einem anderen Tage überrascht uns im Berg zunächst Regen und dann Schnee. Noch glatter ist der Fels und dementsprechend der Abstieg.

Und immer häufiger liegt morgens im Lager der Schnee. Immer weißer wird die Region der Widder. Bedenklicher werden die Gesichter unserer Führer. Allmorgendlich wird die Bergpirsch als zu riskant abgelehnt.

Je weiter der Schnee die Berge herunterkriecht und je bunter die untere Bergregion wird, desto mehr verlegt sich unser Weidwerken in tiefere Zonen. Es gilt nun in erster Linie Elch und Grizzly. Weiter wird der Marsch zum Einstand des Wildes. Anders die Flora. Anders die ganze Art des Jagens.

Die beiden Schaufler vom Tetlinriver.

Säubern der Bärendecke im Lager.

Grizzly im Flußbett.

Zwei gute Schaufler

Drei bis vier Stunden talauswärts in den ersten Tagen der Anritt. Auf halber Höhe mit den Pferden durch dichten, dschungelartigen Busch. Man liegt mehr auf dem Hals des Pferdes, als daß man im Sattel sitzt. Zwischendurch immer öfter das Pferd am Halfter hinter sich, weil kaum noch ein Durchkommen ist. Dann Schlußpunkt. Die Pferde müssen zurückgelassen werden, und nun beginnt eine mühsame Pirsch.

Hier und dort versuchen wir Elchwechseln zu folgen, die sich letztlich aber immer wieder in der Wildnis verlieren. Um uns herum brusthoher, buschiger Birken- und Weidenbewuchs, durchsetzt mit Fichtenhorsten. Im wahrsten Sinne des Wortes kämpfen wir uns durch dieses Gestrüpp, bis wir eine Höhe erreichen. Höhe und eisiger Wind sind meist gleichbedeutend. Intensive Beobachtung des Geländes von hier oben. Aus dem graugrünen Untergrund schälen sich hier eine Elchkuh, dort ein junger Schaufler, andernorts eine Kuh mit Kalb. Weiter drunten in einem Quertal ein scheinbar besserer Schaufler. Wir versuchen, ihm den Wechsel abzuschneiden. Vergebens – seinem raumgreifenden Troll sind wir nicht gewachsen.

Schneeregen setzt ein. Rund um uns herum abgestorbenes Geäst in Mengen. Ein kleines wärmendes Feuer ist im Nu entzündet. Trotz aller Unbill des Wetters um uns herum fühlen wir uns wohlig warm und machen ein Nickerchen.

Auf dem Heimweg, wieder auf einer Höhe, klappt Chuck plötzlich wie ein Taschenmesser zusammen. Bäuchlings, durch Heidelbeerkraut, robbe ich zu ihm hin. Etwa 400 Meter unter uns äst sich ein starker Schaufler, vertraut durch den Bewuchs. Alles zuvor waren Momentaufnahmen. Hier habe ich das urige Wild zum ersten Mal so vor mir, daß ich Beziehung zu ihm finde. Hier steht ein starker Elch, dem mein Beutesinn gilt. Es bedarf geraumer Zeit, bis ich jagdlich reagieren kann oder will. Der jagdbare Elch in ihm angestammter Wildnis, das ist etwas, was man in sich aufnehmen, das man verdauen und begreifen muß. Dieser schwarzglänzende Urwaldriese mit seinen fast weißen Läufen. Dieser Koloß von einem Tier, der doch wie ein Geist aus der Wildnis auftaucht, sich geräuschlos fortbewegt und schattenhaft verschwindet. Dieses Wild, das einem ungeschlacht erscheint und das doch nicht flüchtet oder davonrumpelt, sondern entgleitet, entschwebt wie ein unwirklicher Schatten. Erst allmählich vermag ich mich in die jagdliche Realität zurück- und hineinzuversetzen.

Weit ausgreifend, um dem verräterischen Wind zu entrinnen, versuchen wir, schlangengleich, näher an diesen Recken heranzukommen. Hier und dort taucht er noch einmal auf. Dann nichts mehr. Chuck entert eine hohe Fichte, wie ein Eichkater. Aber der Bulle ist wie vom Erdboden verschluckt. Der Tag geht der Neige zu. Chuck, dessen normale Fortbewegungsart nicht Schritt, sondern der fördernde Trab ist, verschwindet für mich immer wieder aus dem Gesichtsfeld, irgendwo im Busch. Hier und da mal ein leiser Pfiff und wir finden wieder zueinander. Wie froh und glücklich bin ich, als ich das vertraute Schnauben unserer Pferde höre. Der anfängliche Marterstuhl wird zum ersehnten Schaukelstuhl. Aber nun heißt es, noch einmal drei bis vier Stunden im Sattel zu bewältigen. Und wenn wir dann im Camp sind – dann wird unser schlichtes Küchenzelt zum Luxusrestaurant und unser Schlafsack im einfachen Zelt zum Himmelbett.

Talaufwärts führt uns die Elchpirsch in eine völlig andere Landschaft. Wieder ein Stückchen Trail. Dann einige hundert Meter am Ufer eines unergründlich tiefen Sees. Hier tränken wir noch einmal die Pferde. Unsere Guides versuchen immer wieder, mich reiterliches Greenhorn in Bockshorn zu jagen, etwa so: Die Pferde nehmen gern nach dem Tränken ein Bad – und sind dann mit einem Schritt im viele Meter tiefen See.

Während des ganzen Rittes haben wir vor uns die unendliche Kette der Mentastaberge, deren Häupter hinauf in ewiges Eis stoßen. Ein atemberaubend schöner Anblick, den man jedesmal wieder von neuem genießt. Jäh bricht dann die Landschaft vor uns ab; es geht steil einen Cañon hinunter, in das Flußbett des Tetlin River, der diesem Distrikt auch seinen Namen gegeben hat. Er ist ein beachtlicher, breiter Strom, der im Frühjahr sicher etwa mit der Weser in ihrem mittleren Lauf zu vergleichen ist. Jetzt aber, im beginnenden Herbst, führt er nur wenig Wasser. Es sind vier oder fünf Arme, die es zu durchqueren gilt. Je nach

Wetter reicht das heftig strömende Wasser den Pferden bis an die Knie oder bis an den Bauch. Die Strömung ist immerhin doch noch so stark, daß man im spitzen Winkel gegen sie anreiten muß, um etwa gegenüber dem Einritt den Flußlauf wieder verlassen zu können. Der Grund ist felsig und voller kleiner Untiefen. Für die Pferde ist das Hindurchwaten ein ständiges Rutschen und Straucheln. Auch hier wieder die augenzwinkernden Kommentare unserer Führer: Als wir kürzlich einmal mit einem Gast hindurchritten, stieg nur dessen Pferd hinter uns aus dem Fluß, den Kopf des Mannes sahen wir weit unterhalb in der Strömung.

Wunderschön die morgendlichen und abendlichen Ritte durch das breite Kiesbett des Flusses. Über weite Strecken durch das silberne Gewoge des Wollgrases, beeindruckend vor allem bei Gegenlicht.

Die feinen Kies- und Sandpartien des Flußbettes sind ein immer wieder erregendes Lesebuch der Tierwelt der Region. Scharf in den Sand geschnitten die Schaleneingriffe der Elche. Hier die Trittsiegel des Wolfes, der sich das Flußbett zum Patrouillenrevier ausersehen hat. Dort der Brantenabdruck des Grizzly, der Beerensträucher am Ufer und Fischbesatz des Flusses kontrollierte.

Eine Hochfläche jenseits des Tetlin ist auf diesen Ritten unser Ziel. Sie dehnt sich hin, so weit das Auge reicht. Dichter Birken- und Weidenbewuchs, der den Pferden meist bis an den Bauch und höher reicht, macht die Vorteile des berittenen Jagens deutlich. Das Gelände ist durchsetzt mit kleinen Fichtenhorsten, teilweise mit locker bewaldeten Höhenrücken. All diese Bestände gelten grundsätzlich als elchverdächtig. Die in ebenem Gelände liegenden Partien durchreiten wir. Manchen Elch bekommen wir so in Anblick. Darunter durchaus auch den einen oder anderen stärkeren Schaufler. Aber für Ansprechen, Absitzen, Durchladen und gar noch Schießen will es einfach nicht reichen. Aussichtsreicher ist das Jagen im bergigen Bereich. Hier werden die Pferde zurückgelassen. Von unten versucht man, Einblick in die Hänge zu bekommen, von oben in die Täler. Jeder Spur schenkt man Aufmerksamkeit. Geknickte, in den Bruchstellen noch feuchte Äste, frischer Verbiß, noch warme Losung. Hier oder dort, an einem guten Aussichtsplatz, auch mal ein Stündchen nur schauen. Manch unvergeßlichen Jagdtag verbringe ich auf diese Weise in dem weiten Revier. Für mich immer wieder beeindruckend, das Wissen um die räumliche Grenzenlosigkeit des Jagens. Stoßen wir irgendwo an den Fuß einer alpinen Bergregion, richten wir die Gläser hinauf auf die Wände. Vielleicht stehen Schafe dort oben. Auch auf sie und auch in dieser Höhe können wir ja weidwerken.

Neues jagdliches Erleben bietet jeder Tag. Keine Pirsch, bei der wir nicht Elchwild in Anblick haben. Beispielhaft und typisch eine Seite aus diesem Bilderbuch der Elchjagd. Dan und ich haben uns mit unseren Pferden auf einem kleinen Hügel niedergelassen, der uns guten Einblick in einen langgestreckten, bewaldeten Gegenhang bietet. Schon nach kurzer Beobachtungszeit bedeutet mir Dan, daß er Wild in Anblick hat – einen mittleren und einen stärkeren Schaufler. Ich selbst habe nichts ausgemacht. Das Wild ist in Bewegung. Wir brechen sofort auf. Unendlich behutsam schieben wir uns vor. Meter für Meter. Es ist ein sonniger, warmer Herbsttag. In einem ausgetrockneten Bachbett lassen wir alles zurück, was uns irgendwie stören könnte. Hemdsärmelig, nur Büchse und Glas in Bereitschaft, pirschen wir hangauf. Jede Deckung wird genutzt, jedes Zweiglein umgangen, immer wieder gelauscht und geschnuppert. Alle Anzeichen machen deutlich, daß wir mitten im Einstand sind. Hinter einem Weidengestrüpp, etwa zehn Meter vor uns, plötzlich eine Bewegung. Leichtes Zittern der Blätter, unregelmäßig, nicht vom Wind ausgelöst. Aus dem Hintergrund schält sich der verräterische, helle Umriß einer Schaufel. Es könnte genausogut die ausgeblichene, bizarre Wurzel eines gestürzten Baumes sein. Wir erstarren zur Bewegungslosigkeit. Unmittelbar vor uns sitzt ein Elch in Ruh' und döst in der warmen Mittagssonne vor sich hin. Was nun? Die Büchse liegt schußbereit in der Schulter. Für einen Schuß auf den Träger würde es durch das Gebüsch hindurch absolut reichen. Aber ist es der Richtige? Hier wird mir wieder einmal deutlich, wie außerordentlich schwierig gerade das Ansprechen des Elchschauflers ist. Den richtigen Eindruck der Stärke bekommt man eigentlich erst dann, wenn man von oben in die vollen Schaufeln hineinblicken kann. In der frontalen

Sicht aber sieht man nicht viel mehr als ein mehr oder weniger starkes Brett. Augenblicke atemberaubender Spannung sind das. Das Herz klopft bis zum Hals – bis Dan bedauernd abwinkt: nicht stark genug. Ich lasse die Büchse sinken. Im selben Augenblick ein leichter Luftzug im Nacken und schon ist der Elch hoch. Ohne Zögern, ohne Verhoffen taucht er in seine bunte Umwelt ein. Für Bruchteile einer Sekunde werden die Schaufeln frei. „Big moose, big moose – shoot, shoot!“, ist die entsetzte Reaktion Dans. Aber zu spät. Unten im Tal bekommen wir den Bullen noch einige Male frei. Aber im weitgreifenden Troll und auf gut 300 Meter. Noch einmal versucht Dan, mich zum Schuß zu bewegen. Ich lasse die Kugel im Lauf und bin froh darüber. Draußen in der Wildnis, in der die Tage und die Gelegenheiten dahinschmelzen wie Schnee in der Sonne, wo auch der Führer Erfolg will, der Guide, der weiß, wie wildnisungewohnt sein Jagdgast ist, gehört viel Überwindung, Bedachtsamkeit und Selbstdisziplin dazu, immer zu wissen, was man tut.

Auf dem Heimritt von dieser Pirsch hören wir am späten Nachmittag aus weiter Ferne einen Schuß, dem kurz darauf ein zweiter folgt. Das konnte nur Hans gewesen sein. Voller Spannung reiten wir zurück und warten ungeduldig im Lager auf unsere Jagdkameraden. Ob sie ihren Elch haben? Oder war etwas schiefgegangen? Schon in tiefer Dunkelheit, gegen 22.00 Uhr, aus der Finsternis ein jubelndes „Jeh, Jeh!“. Die Umrisse der beiden Reiter lösen sich aus der Nacht. Ja, der erste Elch ist gefallen.

Nun geht es ans Erzählen. Zwei Elche hatten sie auf einer Hochfläche vor. Wegen der aussichtsreicheren Position entschlossen sie sich für den etwas schwächeren, aber immer noch starken Schaufler. Ein guter, typischer Alaska-Schaufler mit hohen, breiten Brettern. Es muß eine aufregende Jagd gewesen sein. Die beiden haben das ausgelöste Filet mitgebracht, das uns nach erlebnisreicher Tagespirsch ein delikates Nachtmahl liefert.

Bevor wir uns der weiteren Elchpirsch widmen, einige allgemeine Angaben zum Vorkommen. Der Elch steht fast in ganz Nordamerika, d. h. in Alaska, Kanada und den Nordstaaten der USA. Sein Vorkommen erstreckt sich darüber hinaus auch auf weite Teile Rußlands und Polens sowie auf den skandinavischen Raum. Der europäische und asiatische Elch ist der kleinste seiner Art. Wesentlich stärker ist der kanadische Elch, während der Alaska-Elch, der auch die Bezeichnung „Riesenelch" trägt, der größte von allen ist. O. J. Skal gibt Gewichte bis 770 Kilogramm an. Die Höhe, d. h. Schale bis Buckel, beläuft sich auf bis über zwei Meter. Der Gesamtbestand an Elchen in Alaska wurde für 1970 mit etwa 150.000 Stück angegeben; im gleichen Jahr wurden 7.112 Elche erlegt (in Finnland waren es 1980 rund 30.000 und in Schweden 112.000). 1987 kamen 7.141 Elche zur Strecke.

Und nun wieder zu dem Schaufler, den Hans am 6. September, nachmittags, geschossen hat. Der kommende Morgen steht ganz unter dem Zeichen dieses Elchs. Die ganze Mannschaft startet mit Packpferden, um den Bullen einzuholen. Zwei Stunden harte Arbeit für unsere Jäger, das Zerwirken des Elchs und Bepacken der Pferde. Drei Pferde werden benötigt, um dieser Masse an Wildbret Herr zu werden. Ein Pferd für die Keulen, eins für die Blätter und das dritte für restliches Wildbret und Trophäe. Es ist ein urtümliches Bild, die gewaltigen Schaufeln auf einem Pferderücken vor sich herschwanken zu sehen. Schaukelnd, in langer Kolonne, entschwinden sie unseren Blicken: Hans, Kenny und Dan mit ihren Pferden.

Der Rest des Elchs ist immer noch ein beachtlicher Berg an Knochen, Decke und Wildbretresten. Ein reichgedeckter Tisch für Bär, Wolf, Volverine, Adler und die große Schar der Häher, Raben und Krähen. Vielleicht bietet sich hier einmal die Chance auf den Grizzly. Das Luder wird so gelegt, daß man von weitem erkennen kann, ob es angenommen ist.

Chuck und ich sind allein. Wir besteigen unsere Pferde, durchreiten zügig das Hochplateau und erreichen gegen Mittag das Steilufer des Tetlin. Diesmal weit nördlich in einem Gebiet, das wir noch nicht bejagt haben. Jenseits des Flusses steigt jäh, etwa tausend Meter – ein Bergzug auf. Weitgehend bewaldet, in der Höhe felsig, mit einzelnen Klippen durchsetzt. Auf halber Höhe eine weite, locker bestandene Terrasse. Vom Flußrand aus beobachten wir den Gegenhang und bekommen schon bald ziehendes Elchwild in Anblick. Einige weibliche Stücke und ein einzelner, scheinbar stärkerer Schaufler. Ein sicheres Ansprechen aus dieser Position ist nicht möglich. Wir entschließen uns, das Wild anzugehen.

Zunächst zu Pferde durch den Fluß. Drüben weiter in versumpfter Uferzone. Dann aufwärts durch lockeren Bestand. Zweimal bekommen wir für Augenblicke Wild frei, aber es reicht nicht zum Ansprechen. Wir lassen die Pferde zurück und steigen in immer steiler und schwieriger werdendem Gelände aufwärts. Immer wieder müssen Felspartien umgangen oder überklettert werden. Meist bewegen wir uns auf allen Vieren. Endlich ist eine kleine Felskanzel erreicht, von der aus wir hervorragenden Einblick in die unter uns liegende Terrasse haben. Kaum haben wir uns niedergelassen, schiebt sich tief unter uns ein mächtiger Wildkörper ins Blickfeld. Trotz guter 800 Meter Entfernung läßt sich unschwer erkennen, daß es sich um einen jagdbaren Elch handelt. Hell schimmern die Schaufeln zu uns herauf über einem tiefschwarzen, in der Sonne glänzenden Körper. Zwei Kühe tauchen auf, der Elch verschwindet hinter einer Baumgruppe. Chuck reicht der bisherige Eindruck nicht für eine eindeutige Entscheidung aus. Er klettert alleine noch einmal hundert Meter weiter aufwärts. Kurz bekomme ich den Schaufler wieder ins Glas und sehe, wie er hinter einem Fichtenhorst verschwindet, um sich dort vermutlich niederzutun. Chuck taucht wieder auf. Er hat den Elch aus einer höheren Position in Ruhe ansprechen können und auch genauer den Platz eingesehen, wo er sich niedergetan hat. Nach kurzem Kriegsrat beschließen wir, den Schaufler anzugehen.

Wieder einmal wird es ernst. Und diesmal habe ich das Gefühl, dem Ziel meiner Wünsche sehr nahe zu sein. Dabei bin ich mir dessen bewußt, daß ich mich beim Ansprechen voll und ganz auf Chuck verlassen muß, weil mir einfach noch die Vergleichsmöglichkeiten fehlen. Im Eiltempo geht es bergab zu den Pferden. In großem Bogen reiten wir zunächst den Einstand so an, daß wir kein Risiko mit dem Wind eingehen. Und dann beginnt wieder eine Pirsch.

Schritt für Schritt. Aus dem aus der Entfernung locker erscheinenden Bestand ist nun teilweise dichter Urwald geworden. Alles sieht völlig anders aus als von der Höhe. Immer wieder müssen wir gestürzte Baumstämme, dichtes Gestrüpp und versumpfte

Partien umgehen. Manches Mal heißt es, den gleichen Weg zurück, wenn es einfach nicht vorwärts geht. Schließlich erreichen wir eine offenere Blöße, die im Hintergrund und halbkreisförmig von höheren Fichten umsäumt wird und streckenweise mit hohem Unterwuchs bestanden ist. Hier verharren wir regungslos, horchen und versuchen, mit den Augen jeden Winkel, jeden Grashorst, jede Baumgruppe zu durchdringen. Hier irgendwo mußte er sein. Oder hatte er uns trotz aller Vorsicht vernommen und war längst davon? Oder aber hatten wir uns im Einstand verschätzt? Auch Chuck wird unsicher. Trotzdem harren wir aus.

Da, Chucks Gesicht überzieht ein zufriedenes Lächeln, ein kaum sichtbares Deuten mit der Hand. Ich starre mir die Augen aus dem Kopf. Es ist nicht zu glauben, wie schwierig es ist und wie lange es dauert, bis das ungeübte Auge die doch gewaltigen Schaufeln eines völlig regungslos im Bett sitzenden Elches aus der sie umgebenden Natur herausbuchstabiert hat. Rundherum Astwerk, aufragende, geblichene Wurzeln, verwelktes hohes Gras. Die Schaufeln waagerecht, also nur relativ schmal. Nun endlich sehe ich ihn. Der langersehnte Augenblick ist gekommen. Aber viele endlose Minuten beinhaltet dieser Augenblick. Bewegungslos die Schaufeln hinter der Baum- und Buschkulisse. Bewegungslos und ohne Deckung wir davor. 2 Minuten, 5 Minuten, 10 Minuten, 15 Minuten. Nichts ändert sich. Die Arme erlahmen mit der Büchse im halben Anschlag. Wir müssen es riskieren, wir müssen den Elch aus seiner Lethargie erwecken. Chuck ruft ihn verdrossen an, einen suchenden Rivalen imitierend. Leichte Bewegung der Schaufeln. Noch einmal. Lebhaftere Bewegung der Schaufeln. Jeden Moment muß er hoch werden. Weitere, deutlichere, zornigere Schreie. Der Schaufler tut uns nicht den Gefallen. Nun nimmt Chuck einen Ast zu Hilfe, beutelt damit, einen fegenden Elch nachahmend, eine kleine Fichte. Das ist zuviel. Blitzschnell ist der Bulle hoch. Nicht einen Moment verhält er. Mit gesenkten Schaufeln kommt er suchend spitz auf uns zu. Im Nu schrumpft die Entfernung von ursprünglich 50 auf 40, 30 Meter. Längst liegt die Büchse an der Wange. Nur der Schuß auf den Stich ist möglich. Kopf und Schaufeln schieben sich immer wieder ins

Fadenkreuz. Bei 1,5facher Vergrößerung wirken die Lichter des jetzt deutlich mißtrauisch, wenn nicht aggressiv erscheinenden Bullen, absolut unfreundlich. Endlich peitscht der Schuß hinaus. Es war höchste Zeit. Der Elch knickt vorne ruckartig ein, wirft sich noch einmal zur Seite und bricht nach wenigen Fluchten, von der blind hinterher geworfenen, zweiten Kugel nicht mehr erreicht, in der Fährte zusammen. Mit wenigen Sprüngen sind wir am Wild. Das mächtige Haupt sinkt zur Seite. Elch tot! Wir beide fallen uns in die Arme. Spannender konnte eine Pirsch nicht verlaufen.

Da liegt er nun vor uns, der Recke. Mit einer Vorschaufel hat er im Sturz Erde und Moos aus dem Waldboden gebrochen. Wie eine mächtige Pflanzschale aus der Urzeit hebt sich die Schaufel aus dem dunklen Waldesgrund in den Himmel. Kaum ist es mir möglich, den Kopf mit dem starken Schaufelpaar hochzustellen. Riesig, der schwarz glänzende Körper mit den weißgrauen Läufen. Chuck läßt mich allein, um die Pferde zu holen. Und das ist schön, die halbe Stunde allein mit meinem Schaufler. Still sitze ich vor seinem Haupt und erlebe die letzten Stunden in Gedanken noch einmal nach. Absolute Ruhe um mich und um meinen Elch. Hoch über uns der Felsen, von wo wir ihn ausmachten. Weit schweift der Blick hinaus auf die Ebene, wo Hans gestern seinen Elch erlegte. Tief unten der Tetlin, dessen Rauschen leise zu mir heraufdringt. Und wie immer in einer solchen Stunde – Freude über den Erfolg, über die Beute, mischen sich mit Bedauern, mit ein wenig Traurigkeit darüber, daß dieses Erleben nun endgültig sein Ende gefunden hat, das Ende, dem man so entgegenfieberte. Sinn und Widersinn des Jagens.

Aus diesem Sinnen und Grübeln schreckt mich Chuck auf. Er ist mit den Pferden eingetroffen. Die rote Arbeit muß getan werden. Und diese Arbeit ist im Vergleich zum Aufbrechen, etwa eines Rothirsches bei uns zu Hause, Schwerarbeit. Gegen Raubwild wird der Elch dann vorsorglich noch verblendet. So lassen wir ihn zurück in seinem Bergwald, bis wir auch ihn morgen einholen ins Lager.

Auf diesem Weg treffen wir auf Grouse, Waldhühner, ähnlich wie unser Haselhuhn. Sie sind teils auf dem Boden, teils im unteren Geäst der Fichten eingefallen und halten uns völlig vertraut aus. Chuck schießt mit seinem Revolver eine Mahlzeit zusammen, die uns am Abend ein wahres Festmahl sein wird.

Am 6. und 7. September fielen unsere beiden Schaufler. Fast wie Zwillingsbrüder wirken sie nebeneinander im Camp. Es ist ein schöner Doppelerfolg, über den wir uns beide von Herzen freuen. Zugleich aber auch das Ergebnis einer exzellenten Führung, die wir unseren Guides verdanken.

Als unsere Elche zur Strecke sind, warten auf Hans und mich noch Widder und Bär, während Bob bisher erfolglos gewesen war und nach wie vor um seinen Widder bemüht ist, dann aber auch noch einen Elch jagen soll. Mehr als die Hälfte unserer Zeit haben wir hinter uns. Hans und ich pirschen nun vorrangig auf Grizzly und von Fall zu Fall auf Schaf.

Der Grizzly vom Tetlin River

Einige einführende Bemerkungen zu den vorkommenden Bärenarten. Der seltenste, nur im arktischen Raum lebende Bär, der Polarbär, ist nach jahrelangem Schutz im Bestand wieder gesichert und zur Jagd begrenzt freigegeben. Das Polarbärvorkommen erstreckt sich über Alaska hinaus auf Kanada, Norwegen, Dänemark und die Sowjetunion. Der Polarbär erreicht ein Gewicht von bis zu 650 Kilogramm und kann über die Vorderbranten gemessen eine Breite von 180 Zentimetern und eine Länge von Nase bis Bürzel von ca. 300 Zentimetern erreichen. Der Weltbestand wird auf gut 20.000 Stück geschätzt.

Der häufigste Vertreter seiner Rasse ist der Schwarzbär, der fast in ganz Nordamerika vorkommt. Seine Körpergröße reicht bis etwa 250 Zentimeter, sein Gewicht bis zu ca. 250 Kilogramm. 1975 wurden rund 2.000 Lizenzen für Schwarzbären in Alaska vergeben. 1987 wurden in Alaska 1.630 Schwarzbären erlegt. Entgegen der Bezeichung „black“ kommt er in den verschiedensten Farbvariationen vor. Vom tiefsten Schwarz über Braun, bis hin zu Zimtfarben, bläulich und fast weiß. Der Schwarzbär ist im Unterschied zu Polar- und Braunbär in der Lage zu klettern.

Die dritte amerikanische Bärenart ist die des Braunbären, der seinerseits in drei Unterarten gegliedert wird, für die aber eigentlich nur regionale Grenzen maßgebend sind, die wiederum Stärke und Körpergröße bestimmen. Der gewaltigste Braunbärentyp ist der nach der gleichnamigen Insel Kodiak benannte Bär. Bei 2.500 Einwohnern und rund 1.300 Bären auf dieser Insel kommen also auf einen Bären etwa zwei Einwohner. Ihm folgt in den klimabegünstigten kontinentalen Zonen der Küstenbraunbär. Im gebirgigen Raum finden wir dann den Grizzly. Klimabedingt ist die Winterschlafzeit des Kodiak die kürzeste, die des Grizzly die längste. Das gründet in den zeitlichen Möglichkeiten der Nahrungsaufnahme. Hinzu kommt das reichlichere Nahrungsangebot im Küsten- und Mündungsbereich der Flüsse; denken wir nur an die „Lachsmast". Der Grizzly erreicht ein Gewicht von bis zu etwa 450 Kilogramm, der Kodiak- und Küstenbär von bis zu 750 Kilogramm; es werden sogar Gewichte von 1.000 Kilogramm genannt. Der Braunbär mißt aufgerichtet bis zu drei Metern. Abweichungen gibt es beim Braunbären nicht nur in der Stärke, sondern auch in der Farbe. Da gibt es unter den Grizzlys den „Silvertip" mit Grannen wie ein Brunftgams und den „Blondy" ebenso wie rötliche und schokoladenbraune Exemplare unter den übrigen Braunbärtypen. 1975 wurden in Alaska 824 Lizenzen für Braunbären vergeben. 1970 kamen 616 Braunbären zur Strecke. 1987 wurden 1.212 Braunbären erlegt.

Alle Bären – der Schwarzbär nur in seltenen Fällen – sind Trichinenträger, ihr Wildbret ist also praktisch ungenießbar. Bis auf den Polarbären sind alle Bären in erster Linie Pflanzenfresser, die Beeren, Wurzeln, Pilze, Gras und Baumfrüchte aufnehmen.

Das Jagen auf den Grizzly wird für uns schwierig, und die Erfolgsaussichten sind im Vergleich zum Elch und auch zum Schaf deutlich geringer. Das ergibt sich zunächst schon einmal aus der natürlich wesentlich geringeren Bestandesdichte. Die beiden Elchluder bieten, zumindest in den ersten Tagen, kaum eine Chance. Die Nächte sind kalt. Das Wildbret hält sich entsprechend lange frisch. Nur der Zufall kann einen Bären an das Luder heranführen.

Wir sind also darauf angewiesen, frisch begangene Wechsel zu finden und dort mit viel Geduld anzusitzen. Da wir möglichst weiträumige Gebiete bejagen wollen, trennen Hans und ich uns für einige Tage völlig. Ich jage weiter vom Hauptlager aus, während Hans mit Chuck ein Außencamp bezieht. Kenny und ich machen uns gemeinsam mit den beiden auf den Weg, um mit Packpferden Zelt und Verpflegung hinzuschaffen. Der Ritt gibt uns Gelegenheit abzufährten. Beim Queren eines einsamen Hochtales stoßen wir auf einen regelrechten Bärentrail, der innerhalb der letzten 24 Stunden auch frisch begangen worden ist. Von Bären aufgegrabene Erdhörnchenbaue finden wir an vielen Stellen. Auf dem Rückweg vom Außencamp beziehen wir hier auf einem Hügel unseren Beobachtungsposten. Hoch steht die Sonne am Himmel.

Ein richtiger Altweibersommertag. Wohlig strecken wir uns im rotleuchtenden Heidelbeerkraut aus. Genüßlich verzehren wir unser Lunchpaket. Frisch gepflückte Blaubeeren sind wie immer köstliches Dessert. Am Fuß des Hügels führt der deutlich sichtbare Bärentrail entlang, den wir viele hundert Meter taleinwärts verfolgen können. Parallel dazu, auf der anderen Seite des Hügels, plätschert ein breiterer Bach. Hier oder dort muß der Bär uns in guter Schußentfernung kommen, wenn er diesen Wechsel nimmt. Die den Talschluß bildende Bergkette ist so nah, daß wir sie mit Gläsern und Spektiv auch auf Schafe absuchen können. Stunden sitzen und liegen wir hier. Eine eigenartige Mischung aus Ruhe, Genießen und untergründiger Spannung.

Das erste Mal im Leben zu pirschen und zu passen mit der Zielvorstellung Bär, ist für mich etwas absolut Neues und Anderes als alles Jagen zuvor. Die Nerven sind in ganz anderer Weise angespannt. Die ganze Atmosphäre ist voller Knistern und Prickeln, voller Spannung. Viel habe ich gelesen über den Grizzly. Lange, informierende und beratende Gespräche mit unseren Guides sind vorausgegangen. Ich bin mir darüber im klaren, daß ich hier ein Wild vor mir habe, das Herrscher in seiner Region und sich dessen auch bewußt ist. Abgesehen von solchen Räumen, in denen hoher Jagddruck herrscht, fühlt sich der Bär nicht nur jeglichem anderen Wild, sondern auch dem

Menschen überlegen oder zumindest ebenbürtig. Er verhält sich ihm gegenüber situations- und stimmungsgemäß. Ein ausgeruhter, satter Bär verhält sich anders als ein gestörter, ein hungriger; eine Bärin mit Jungen anders als eine nicht führende Bärin. Ein Bär am Luder reagiert wiederum anders als ein Bär auf dem Wechsel. Kurz, der Bär ist unberechenbar. Hinzu kommen die immensen Kräfte des Grizzly. Mit einem Brantenschlag zerschmettert er das Rückgrat eines Elches oder eines Pferdes. Unsere Guides sagen uns, daß ein flüchtiger Bär ebenso schnell ist wie ein gesatteltes Pferd. Er windet und vernimmt vorzüglich, äugt aber um so schlechter. Im vergangenen Jahr hatte sich ein Fotojäger ohne Waffe, trotz eindringlicher Warnungen der Guides, auf einem Bärentrail angesetzt. Als er nicht zurückkam und man nach ihm suchte, fand man nur noch wenige unschöne Überreste. Grizzly = ursus horribilis, das ist schon eine treffende Namensgebung für diese achtunggebietenden Burschen.

So sitzen wir hier auf unserem Ausguck, und das nicht nur einen Tag lang, sondern an gleicher und ähnlicher Stelle manches Mal. Eines Abends kehren wir zurück und erfahren, daß Bob, der inzwischen einen guten Widder auf der Decke hat, nun auch auf seinen Elch zu Schuß gekommen ist. Beide Trophäen hat er Dan zu verdanken. Hans und Chuck sind noch im Außencamp, während ich mit Kenny jage. Der nächste Morgen ist für uns im Hauptlager Verbliebene wieder Arbeitstag. Wir müssen Bobs Elch einholen.

Gegen Mittag sind wir zurück. Kenny und Dan haben offensichtlich nicht mehr viel Lust, noch zu einer Nachmittagsunternehmung zu starten. Ich werde unruhig. Die Jagdzeit geht ihrem Ende entgegen. Dan läßt sich erweichen. Er schlägt einen Fußmarsch in der unmittelbaren Umgebung des Lagers vor. Das reicht mir nicht. Also besteigen wir wieder unsere Rösser. Einen ganz anderen, sehr gebirgigen Teil des Reviers steuern wir an. Aus den Aussichtshügeln sind nun schon Aussichtsberge geworden. Vom Rastplatz der Pferde bis hinauf ist es eine ziemliche Kraxelei, die wir mehrere Male hinter uns bringen. Unser Augenmerk ist zwar auch auf Grizzly aber, bedingt durch das Gelände, eigentlich mehr auf Schaf gerichtet. Und tatsächlich, von einer Höhe aus, die uns Einsicht in einen tiefen Kessel gewährt, machen wir ein starkes Rudel von etwa 30 Schafen aus. Leider nur Muttertiere mit Lämmern und abseits vier jüngere Widder. Aber immerhin, vielleicht kann sich die Szene noch ändern. Hier bleiben wir. Weit schweift der Blick nach der anderen Seite über das tief eingeschnittene Bett des Tetlin hinweg, hinter dem erneut graue Felswände aufragen. Auch dort einige weiße Wollknäuel. Aber wieder nur Mutterwild. Wir lassen uns Zeit. Der Horizont hat sich verdunkelt, in der Ferne grollt Donner, über den Fluß spannt sich ein Regenbogen.

Plötzlich fährt Dan zusammen. Zufällig ist er beim Abtasten der Bergwände mit dem Glas über das Flußbett gefahren. Sein Blick wischt über ein schwarzes Knäuel: Grizzly – fast haucht er es. Wir sind so auf die Schafe fixiert, daß wir den Bären beinahe vergessen haben. Nun ist die Umstellung um so abrupter. Der Grizzly steht mitten im Flußbett auf einer kleinen, mit Büschen bestandenen Kiesbank und nimmt Beeren auf. Dan meint, der Bär komme vom anderen Ufer und wechsele weiter in unsere Richtung. Entfernung etwa 3.000 Meter. Nun heißt es handeln. Halb springen, halb rutschen wir unseren Aussichtsberg hinunter. Schnell auf die Pferde. Bis auf 500 Meter reiten wir vorsichtig, immer Deckung hinter Baumgruppen suchend, an das Steilufer des Flusses heran. Dann lassen wir die Pferde zurück. Alles, was hindert oder Geräusche verursachen kann, bleibt bei den Pferden. Mit durchgeladener und entsicherter Waffe nähern wir uns Schritt für Schritt dem Steilufer. Dan führt nur seine Shot-Gun, eine in den Staaten für Polizeieinsätze entwickelte, kurze Doppelflinte mit etwa 30 Zentimeter langen Läufen, also eine ausgesprochene Nahkampfwaffe mit verheerender Wirkung auf kurze Entfernungen. Ich pirsche vorweg. Dan rechnet mit dem Auftauchen des Bären schon auf dem Steilufer. Das würde eine Begegnung auf kürzeste Distanz in dem sehr hohen Bewuchs bedeuten. Aber es regt und rührt sich nichts. Ohne den erwarteten Zusammenstoß erreichen wir den Rand des Steilufers.

Unter uns, genau an der gleichen Stelle, wo wir ihn zuerst ausgemacht hatten, steht nach wie vor der Grizzly und tut sich an den roten Beeren gütlich. Die Entfernung mit annähernd 300 Metern ist ein wenig weit. Aber ein Anpirschen ist uns zu riskant.

Wir müßten die steile Böschung hinunter, was kaum ohne Geräusche möglich erscheint. Und dann haben wir die volle Breite des Flußbettes vor uns, das wir absolut deckungslos durchschreiten müßten. Auch ein Anwechseln des Bären abzuwarten ist bedenklich. Er könnte genauso das andere Ufer annehmen oder im flachen Flußbett weiterwechseln. Hinzu kommt, daß langsam der Abend heraufdämmert. Wir müssen den Schuß von hier oben wagen, was bei dem vertrauten Verhalten des Bären kein allzu großes Risiko bedeutet, zumal die Möglichkeit besteht, am Stamm einer abgestorbenen Fichte anzustreichen. Ich warte, bis der Bär voll breit steht, gehe hochblatt mitten in den zottigen Wildkörper und lasse fliegen. Im Schuß reißt es den Bären zusammen. Trotzdem nimmt er sich noch einmal auf. Eingedenk der Mahnung unseres Guides, so lange auf den Bären zu schießen, bis er eindeutig zur Strecke ist, setze ich ihm eine zweite Kugel von oben zwischen die Schulterblätter. Wie von einer Riesenfaust getroffen bricht der Bär in der Fährte zusammen. Regungslos liegt er dort drunten in seiner letzten Äsung.

Erst allmählich kann ich es fassen. Mein Alaskabär, mein Grizzly, ist zur Strecke. Fünfzehn Minuten sitzen wir oben am Uferrand und beobachten das gestreckte Wild intensiv mit dem Glas. Dan ist außerordentlich vorsichtig. Er will nichts riskieren bei diesem wehrhaften, gefährlichen Wild. Schließlich klettern wir die Böschung hinab, durchschreiten den Fluß und lassen die Pferde außer Sichtweite sowie über Wind zurück. Noch immer vorsichtig, treten wir an unsere Beute. Vor uns liegt ein etwa achtjähriger, männlicher Grizzly mit tiefdunkler, wundervoll dichter Decke. Ein leichter, grauer Reif überzieht das Haar und verdichtet sich am Hals zu einem silbrigen Kragen. Ein richtiger Silvertip.

Mit viel Vorsicht und Akribie schlägt Dan den Bären aus der Decke bzw. zieht ihm die Jacke aus. Währenddessen nochmal ein gewaltiger Schrecken. Als wir mitten bei der Arbeit sind, versucht unmittelbar neben uns ein Greif, Flugwild zu schlagen. Lautes Gepolter und Geprassel. Wir sind so verdattert, daß wir wie auf frischer Tat ertappte Spitzbuben zu unseren Waffen greifen. Dan hatte schon vorher gewarnt, es könne durchaus noch ein weiterer Grizzly in der Nähe stehen. Was da eben nun eigentlich vor uns auf- und davonging, haben wir in der ersten Schrecksekunde gar nicht erfaßt.

Der Heimweg wird nicht ganz unproblematisch. Dans Pferd, dem wir die Decke aufpacken wollen, wird rebellisch. Mit schnaubenden Nüstern geht es vorne und hinten hoch. Schließlich reißt es sich los und verschwindet jenseits des Flusses. Meine brave „Prinzess", die ich heute reite, läßt sich nicht aus der Ruhe bringen und übernimmt die Last ohne Protest. Nun heißt es, zu Fuß zurückmarschieren. Bei Stockdunkelheit stolpern wir durchs Gelände, bergauf, bergab, uns immer wieder der ungefähren Richtung versichernd. Auch Dans Fuchs ist wieder zu uns gestoßen, wenn auch mit ängstlich bebenden Flanken. Ich marschiere, ständig beruhigend auf ihn einredend, vorneweg. Dan folgt mit meinem umfunktionierten Packpferd. Es wird ein anstrengender, schweißtreibender, aber doch glücklicher Marsch. Tief in der Nacht erreichen wir das Lager. Fast will man uns nicht glauben, daß wir den Grizzly heimbringen. Trotz aller Anstrengungen schlafe ich nur wenig in dieser Nacht. Die Intensität des Erlebens, die vorausgegangene Nervenanspannung und das Gefühl tiefen Glücks sind einfach zu stark, um dem Schlaf Raum zu geben.

Der nächste Tag ist ganz dem Bären gewidmet. Viel Zeit und Vorsicht gehören dazu, die empfindliche Decke von den kleinsten Feist- und Wildbretresten zu reinigen, sie zu salzen und den Schädel zu säubern und auszukochen.

Und dann warten wir natürlich voller Spannung und Ungeduld auf Chuck und Hans. Kenny ist frühmorgens mit den Packpferden aufgebrochen, um sie vom Außencamp abzuholen. Wir alle sind irgendwie davon überzeugt, daß sie einen Widder mitbringen. Aber wie groß ist die Überraschung, als auch sie eine Grizzlydecke vor uns ausbreiten. Die Decke eines, wenn auch schwächeren, aber doch wunderschön gefärbten, ganz hellen Blondys. Auch hier hat der Zufall den Erfolg beschieden. Hoch oben im Berg war ihnen die Bärin begegnet. Es galt, einen regelrechten Wettlauf zu bestehen. Auf fünfzig Schritt warf die Kugel den Bären in der Fährte zusammen.

Zwei Jäger, zwei Elche, zwei Grizzlys. Das ist ein Ergebnis, wie wir es uns nicht schöner wünschen können.

Jake.

Zahnprobe und Registrierung in King Salmon.

Abschied und Beginn

Noch einmal in den letzten beiden Tagen unternehmen wir den Versuch, auch das dritte Wild, den weißen Widder, zu erjagen. Wir reiten die gleiche Höhe an, von der ich mit Dan zuerst meinen Grizzly gesehen habe. Im Glas kann man deutlich den liegengebliebenen Kern erkennen. Einige Elstern und Dohlen stoßen auf das Luder, flattern aber immer wieder hoch. Wir haben den Eindruck, daß Raubwild in der Nähe sein könnte, unter Umständen ein Volverine. Wir beschließen, uns zu trennen. Kenny und Hans reiten weiter, um einige Talkessel und Bergflanken auf Schafe abzusuchen. Dan und ich lassen uns am Steilufer nieder, in der Hoffnung das Luder werde angenommen. Der marderartige Volverine oder Vielfraß ist ein Beutegreifer, dessen erfolgreiche Bejagung sehr vom Zufall abhängig ist. Sein Vorkommen beschränkt sich auf bewaldete Gebiete. 1975 wurden 805 Lizenzen in Alaska vergeben. Der Volverine mißt bis zu einem Meter Länge und ist wegen seiner Gefährlichkeit und Raubgier das bestgehaßte Raubtier des Kontinents.

Einen wunderschönen langen Herbsttag sind wir beide hier oben noch einmal zusammen und schauen hinaus auf die unendliche, weite Landschaft, auf das Revier, in dem wir in guter Kameradschaft gemeinsam gejagt haben. Es ist eine Stunde des Abschieds, des noch einmal Durchdenkens und Nacherlebens dieser fast drei Wochen. Abschied signalisiert auch der Herbst um uns herum, ein Herbst, wie man ihn vielleicht nur dort droben in der Weite Alaskas kennt. So weit das Auge reicht, lodern die Berge und die Ebenen wie ein Flächenbrand. Die Grundfarbe Rot, durchsetzt von Gelb, Braun, Orange und Grün, durchschnitten vom Kristallblau des Gletscherwassers im Fluß, darüber ein makelloser, blauer Himmel. Hoch oben zieht ein Adler majestätisch seine Kreise. Auf den grünen Flanken der gegenüberliegenden Bergkette einige weiße Tupfen – Dallschafe. Die Häupter der Berge im Schnee, der in langen Zungen zu Tal leckt. Wie mag es hier aussehen in wenigen Wochen? Alles wird weiß sein und die Natur in einem langen Schlaf erstarren. Gegen Abend reiten wir vier zum letzten Mal gemeinsam ins Lager. Der letzte jagdliche Erfolg ist uns nicht mehr beschieden. Sicher hätte er das Maß des Glückes voll gemacht. Trotzdem ist dieser Abschied so harmonisch, so verinnerlicht, daß man sich das Ende dieses Weidwerkens eigentlich nicht anders wünschen kann.

Der letzte Tag im Lager bricht an. Er ist voll ausgefüllt mit Packen, Photographieren, Absprachen über den Transport und die Zubereitung unserer Trophäen. Ich grabe mir einige kleine Fichten aus, die mich zu Hause im Garten immer an Alaska erinnern sollen. Eine Übung, die ich seit vielen Jahren pflege und die viel Erinnerungswerte birgt, die bleiben und wachsen. Bob ist schon am Vortage ausgeflogen, unter Mitnahme von Elch und Widder. Wir wollen unsere Trophäen im Lager lassen und ihre weitere Versorgung in die Hände von Chuck legen.

Das Ausfliegen erfolgt wieder in zwei Schüben. Diesmal ist Hans zuerst an der Reihe. Beeindruckend aus der Luft, das völlig veränderte Landschaftsbild. Auf dem Herflug die vorherrschenden Farben Braun und Grün und jetzt die bunte Herbstlandschaft. Nach dem Wassern erwartet uns Mary, die uns nach zügiger Fahrt wieder der Zivilisation übergibt. Die erste Nacht nach zwanzig Tagen Lagerleben wieder in einem sauberen, ordentlichen Motel, dem Glenn-Rich Hotel, an der nördlichen Kreuzung von Glenn- und Richardson-Highways. Ein Abendessen à la carte, eine ausgiebige Dusche und dann ein richtiges Bett. Eine nette, kleine Kellnerin beweist stolz ihre deutschen Schulkenntnisse: „Ich wünsche Ihnen eine angenehme Nacht." Das alles ist ein so abrupter Wechsel, daß wir uns zunächst gar nicht so richtig in die neue Situation hineinfinden können. Aber trotz aller Begeisterung für das Leben in der Wildnis genießen wir nun doch auch die positiven Seiten der Zivilisation.

Zwei Tage bleiben uns noch für die Rückfahrt und einen kurzen Aufenthalt in Anchorage.

Während der Rückfahrt fällt bei Beobachtung des Straßenverkehrs auf, daß die Jagdsaison nun in vollem Gange ist. Kein Fahrzeug, in dem nicht in Halterungen an den Rücksitzen Gewehre liegen. Die meisten Wagen fahren ein sehr gemäßigtes Tempo und lassen erkennen, daß der Blick der Fahrer mehr auf der Landschaft als auf der Straße liegt. Zum wesentlichen Teil treffen wir landroverartige Fahrzeuge, zum großen Teil aber auch den Pick-up.

In Anchorage nehmen wir diesmal im Hotel West-Ward Quartier. Zwei Abende schlemmen wir lukullisch im Dachrestaurant, dem „Top of the World".

Intensiv wird ein ganzer Tag lang in shopping gemacht, damit auch die Lieben zu Hause zu ihrem Recht kommen. Pelzwerk, Jade- und Elfenbeinschnitzereien sowie indianische Handarbeiten sind beliebte und originelle Mitbringsel. Nicht fehlen darf natürlich auch der „Uschik", der Penisknochen des Walrosses.

Und dann startet der große Vogel heimwärts.

Diesmal wird es ein Nachtflug, weniger schön und dementsprechend anstrengender. Aber die ersten Stunden grüßt es bei Tageslicht noch einmal herauf zu uns, das große weite Land. Die Brooks Range und die nördliche Tundra, die auf unserem Herflug noch als dunkle Landmasse unter uns lagen, sind nun versunken im Weiß des Winters.

Was zurückblieb von diesem Erleben war beileibe nicht nur Erinnerung. Es wurde Sehnsucht nach einem Wiedersehen, nach neuem Erleben, neuen Landstrichen und auch neuem Wild. Ein riesiges Land, von dem ich nur einen winzigen Teil kennengelernt hatte, harrte der weiteren Entdeckung. Viele Wildarten hatte ich kaum gesehen, geschweige denn bejagt: Braun- und Schwarzbär, Wolf und Volverine, Caribou und Schneeziege; und auch der Dallwidder spukte weiter in meinen Gedanken herum.

Der große Braune vom Ugashik Lake

Aus dem Verarbeiten des Erlebten wurde also sehr schnell wieder das Planen neuen Erlebens. In einer Ausgabe von „Wild und Hund“ las ich einen begeisternden Artikel über das Jagen auf der Alaska Peninsula, also im äußersten Südwesten des Landes. Es ging in diesem Fall auf Braunbär, Caribou und Elch; also eine Herbstjagd. Verfasser war Dr. Jürgen Delfs, Leiter des Niedersächsischen Forstamtes Knesebeck. Ich habe den Kontakt zu Dr. Delfs gesucht und gefunden. Ich durfte ihn in seinem wunderschönen, alten Forstamt, in unmittelbarer Nähe der damaligen deutsch-deutschen Grenze, besuchen und hören und sehen, wo, wie, mit wem und mit welchem Ergebnis er jagte. Und alles, was ich hörte und sah, war noch faszinierender als das Gelesene. Im Mittelpunkt aber stand für mich die imponierende Decke eines Neun-Fuß-Braunbären, die den Blickfang in einem hohen, weiträumigen Treppenhaus bildete.

Und damit stand mein Entschluß fest. Mein nächstes Weidwerken in Alaska sollte dem Braunbären auf der Alaska Peninsula gelten und zwar im Frühjahr. Das waren für mich dreierlei neue Aspekte: Das Wild, die Region und die Jahreszeit.

Die Alaska Peninsula

Die Alaska Peninsula ist der sich in weitem Bogen immer mehr verjüngende, westliche Ausläufer Südalaskas.

Die eigentliche Pensinsula, also der Festlandsteil, ist 800 Kilometer lang. Er setzt sich über 2.000 Kilometer in einer Inselwelt fort, die ihrerseits bis in die Nähe des russischen Festlandes und der japanischen Inseln reicht. Einige dieser Inseln waren im Zweiten Weltkrieg zeitweise von den Japanern besetzt. Die Pensinsula und ihre vorgelagerte Inselwelt, insgesamt also die

Aleuten, können als einer der noch heute vulkanischsten Teile der Welt angesehen werden. Rund 80 noch zum Teil tätige Vulkane sind hier festgestellt. In jüngster Erinnerung ist der letzte Ausbruch des St. Augustine im Frühjahr 1986. Berühmt ist das Tal der 10.000 Rauchsäulen im Katmai National Monument. Dieser geologischen Situation entsprechend werden die Aleuten auch als „Feuerrad des Pazifik" bezeichnet. Die Begrenzung der Aleuten bzw. der Alaska Peninsula bildet die Aleutian Range. Zwischen ihr und der Beringsee liegt ein flaches, von tausenden und abertausenden von Seen durchsetztes, sumpfiges Gebiet. Stürme, Regen und Nebel bestimmen das Klima.

Vorbereitungen

Mein schon 1979 gefaßter Entschluß, auf der Alaska Peninsula auf den Frühjahrsbären zu jagen, ließ sich nicht sofort in die Tat umsetzen. 1979 hatte ich meinen Grizzly geschossen. Nach der damaligen und auch noch heute gültigen Rechtslage, darf auf Grizzly und Braunbär in Alaska nur alle vier Jahre gejagt werden. Da der Grizzly im Herbst zur Strecke kam, bedeutete das also warten bis zum Frühjahr 1984. Zeit genug also für Kontaktaufnahmen und Vorbereitungen.

Dr. Delfs hatte mit John McLay aus Homer auf der Kenai-Halbinsel und seinem Sohn Bert gejagt, die eine Lizenz auf ein Gebiet am Ugashik Lake etwa in der Mitte der Peninsula hatten.

Meine sehr rechtzeitige Anmeldung hatte eine positive Reaktion von John McLay zur Folge. In den Jahren der Wartezeit sprach ich andere Alaska-Jäger, die meinen Guide kannten und mit ihm gejagt hatten. Die Referenzen waren über jeden Zweifel erhaben. Ich las über ihn bei Skal, S. 245 ff., in dem Artikel von Dr. Gerhard Frisch, in dem der Verfasser über sein Jagen mit McLay berichtet. Dieses Buch sollte ebensowenig unerwähnt bleiben, wie der Artikel über Braunbären in „Alaska Mammals"/Alaska Geographie, Nr. 2/1981, S. 14, in dem über McLay berichtet wird. Diese Informationen und der ständige Briefwechsel mit meinem neuen Guide, gaben mir ein Gefühl der Sicherheit und schafften schon im voraus so etwas wie Tuchfühlung zwischen uns beiden.

Frühjahrsjagd und Alaska Peninsula brachten nun eine Reihe von Unsicherheitsfaktoren mit sich, die mich schon in der Vorphase gedanklich sehr beschäftigten. Der Jagdbeginn war festgesetzt auf den 18. Mai 1984 im Camp. Am 25. Mai endet die Bärensaison, die am 10. Mai aufgeht. Der Outfitter teilt diesen Zeitraum in zwei Partien von je einer Woche. Und das ist nun natürlich mit einer Vielzahl von Risiken belastet. Ist das Frühjahr spät oder früh? Davon abhängig ist es u. a., wann die Bären aus dem Winterschlaf kommen, ob man also überhaupt Anblick und dementsprechende Chancen hat. Das war der Grund, weshalb ich mich für den späteren Zeitpunkt entschied. Nun kann bei extrem frühem Frühjahr aber wieder die Qualität der Decken rapide abnehmen. Außerdem ist der Bär, wenn er seinen ersten Frühjahrshunger gestillt hat, auch wieder heimlicher; er ist nicht mehr so in Bewegung wie unmittelbar nach dem Winterschlaf.

Ein weiteres Zeitproblem liegt in der Auswirkung des Wetters auf den Flugverkehr. Dreimal müssen die Maschinen gewechselt werden zwischen Anchorage und dem Jagdgebiet. Von Anchorage geht es zunächst nach King Salmon, dem Hauptverteilerplatz für die Peninsula. Da spielt das Wetter keine so bedeutende Rolle, weil dort noch größere Verkehrsmaschinen, im wesentlichen die Boing 737, eingesetzt werden. Nur bei Nebel und starken Stürmen, die hier allerdings häufig sind, kann es zu Verzögerungen kommen. Kritischer wird es dann schon für die Strecke King Salmon/Pilot Point. Hier verkehren nur kleine Maschinen der Peninsula Airways. Dort wird man von seinem Guide empfangen, der seinen Gast mit einer noch kleineren Maschine zum Camp bringt. Sturm, Regen oder Nebel können hier sehr leicht einen Flug unmöglich machen. Und dann tickt die Uhr der einwöchigen Jagdzeit unaufhörlich und unerbittlich. Wenn einen dann im Camp selbst womöglich noch schwierige Wetterverhältnisse überraschen, kann der Erfolg sehr leicht überhaupt in Frage gestellt werden. Hinzu kommt, daß in dieser Land- und Wasserwüste – fast mehr Wasser als Land – häufig das Jagen nur unter Einsatz von Booten möglich ist, und die gegebenenfalls notwendige Überquerung eines größeren Sees bei Sturm und meterhohen Wellen hat auch ihre vorgegebenen Grenzen.

Alles in allem, so ein Frühjahrsbär ist, lange bevor man ihn bejagt, mit viel Hangen und Bangen verbunden.

Zum ersten Mal allein

Am 17. Mai 1984, morgens, starte ich von Hamburg diesmal via Düsseldorf und von Düsseldorf dann um 14.30 Uhr mit einem Jumbo der Lufthansa gen Norden. Der Flug führt über die schleswig-holsteinische Heimat, die ich vor wenigen Stunden verlassen hatte. Eins war diesmal anders als 1979. Kein Freund, der das Erleben mit mir teilen würde. Keine über gemeinsame Vermittlung sich zufällig ergebende Jagdkameradschaft. Ich wußte nicht einmal, ob überhaupt und, gegebenenfalls, welch andere Jäger im Camp noch mit von der Partie sein würden. Und meinen Guide kannte ich, von den erwähnten Referenzen abgesehen, auch nicht. Ich war also diesmal wirklich allein und mir selbst überlassen.

Dieses Umstandes bewußt, überließ ich mich dem gleichmäßigen, beruhigenden Gebrumm der dem Pol entgegenstrebenden Maschine. Um mich herum nur Japaner, wie meist auf dieser Route. Ich schätze mehr als ⅘ aller Passagiere. Ich habe einen Fensterplatz auf der linken Seite. Leider in Höhe der Tragfläche, so daß ich mir den Kopf nach hinten verdrehen muß, um etwas Ausblick zu haben. Während des ersten Drittels des Fluges liegt unter uns eine dicke Wolkendecke, die sich erst über Grönland auflöst. Und nun wieder dieses herrliche Panorama. Jetzt, im Frühjahr, ist die Landschaft noch viel abweisender und unendlicher als ich sie bisher erlebte. Tiefer Winter. Nur Schnee und Eis, Einsamkeit, leblose Weiße. Das Festland geht über in die Arktische See, die sich in erste große Schollen teilt, deren kleinste mehr als die Größe eines Fußballfeldes hat.

Und wieder, nach Stunden dann, Alaska. Die erste Bergkette noch im tiefen Schnee. Die Tundra aber völlig schneefrei. Und das gilt, abgesehen von höheren Bergzügen, dann eigentlich für das ganze Land, soweit wir es überfliegen. Also ein frühes Frühjahr. Im Landeanflug nach 8½ Stunden die Information des Piloten: Schönes Wetter in Anchorage und + 15° Celsius Temperatur. Und so war's, als wir die Maschine verließen. Nicht weniger schön als zu Hause. Frühlingshaft warm. Niemanden sieht man im Mantel. Im Gegenteil, manche im Hemd mit aufgekrempelten Ärmeln. Und die Jogger, denen ich auf dem Weg in die Stadt begegne, man sollte es nicht glauben, in kurzen Hosen. Wieder mal ein Beweis dafür, daß das ewig arktische Alaska nur ein Märchen ist und in der Phantasie derer herrscht, die es nicht kennen. Denken wir an die altbekannten Aussprüche von „Sewards Icebox" u. ä.

Außer der Besatzung, die hier wechselt, und einem einsamen, zivilen Amerikaner, verläßt außer mir niemand die Maschine. Allein stehe ich am Band und warte auf meine drei Gepäckstücke. Alles hat sich hier seit meinem letzten Besuch verändert. Ich befinde mich in einem völlig neuen Flughafengebäude, das ausschließlich den internationalen Fluggesellschaften zur Verfügung steht. Im alten Airport wird jetzt nur der inneralaskanische Verkehr abgewickelt.

Endlich erscheint mein Gepäck. Immer, wenn wie in diesem Fall umgeladen werden muß, habe ich leichtes Bauchgrimmen; aber es fehlt nichts. Die Waffenkontrolle ist kurz und unkompliziert, etwas bürokratischer das Auskunftersuchen über die Devisen als bei meinem ersten Besuch.

Eine Lufthansa-Stewardeß teilt mir schon am Gepäckband mit, daß Frau Trautmann mich am Ausgang erwartet. Frau Trautmann, die in Anchorage eine Jagd- und Reiseagentur unterhält, hatte ich schon bei meinem ersten Aufenthalt kennengelernt. Dieses Mal hatte ich sie in die Vermittlung des inneralaskanischen Arrangements eingeschaltet. Ihr Wagen steht vor der Tür. Gepäck verladen, und auf geht's zum Hotel Captain Cook. Eine sehr beruhigende Sache, wenn man einen ortskundigen Menschen um sich weiß, der alles vorbereitet hat und der einem in allen Fragen behilflich ist.

Im Hotel, diesmal ist es das „Captain Cook", beziehe ich eine fürstliche Suite. Eine angenehme Begleiterscheinung als Übergang zum Wildnisaufenthalt.

Nach einer aufmöbelnden Tasse Kaffee – soweit man diesem Getränk eine derartige Wirkung in den Staaten beimessen kann – steuere ich zunächst einmal das Mountain View an. Ich löse dort Lizenz und „tag“ für den Bären. An der Kasse die gleiche, nette, junge Dame wie 1979. Das vermittelt so ein wenig Zuhausegefühl. Geschäfte dieser Art sind für den Jäger, ebenso wie in Deutschland, auch hier immer wieder neu und regen zum Schnüffeln an. Die Möglichkeiten des Waffenkaufs scheinen sich geändert zu haben. Ausländer und auch Amerikaner aus den Lower States können hier nicht mehr ohne weiteres Waffen erwerben. Interessant finde ich den Preisunterschied für deutsche Ferngläser. Der Preis ist doppelt so hoch wie zu Hause. Zum ersten Mal entdecke ich ausgezeichnete Karten der einzelnen Jagdgebiete, die so großmaßstäbig sind, daß sie draußen eine echte Hilfe bedeuten können. Vor allem aber sind sie eine schöne Erinnerung, die das Nachvollziehen erleichtert.

Den Einstimmungsabend verbringe ich zusammen mit Frau Trautmann im „Crow Nest“.

Über King Salmon nach Pilot Point

Der neue Tag zeigt zu meiner großen Erleichterung wieder ein freundliches Gesicht. Blauer Himmel mit leichter Bewölkung. Kaum Wind und frühlingshaft mild. Packen, zahlen und ein gemütliches Frühstück und pünktlich, wie verabredet um 9.45 Uhr, erscheint Frau Trautmann. Diesmal geht es zu dem alten, mir bekannten Flughafengebäude. Das Einchecken ist problemlos.

Um 11.15 Uhr startet die blaue Boing 737 der Wien Air, eine Fluggesellschaft, die heute nicht mehr existiert. Neben mir sitzen zwei amerikanische Jäger, die auch auf dem Wege zur Bärenjagd sind. Das Gesprächsthema ist schnell gefunden.

Nach einstündiger Flugzeit erreichen wir King Salmon, eine kleine, aber für diesen Raum bedeutende Ortschaft mit etwa 400 Menschen, gelegen am Nordufer des Naknek River. Neben seinem Flugplatz verfügt King Salmon über ein Hotel, zwei Restaurants, etwa 100 Wohnhäuser und das Post Office. Es beherbergt das Headquarter für den Katmai Nationalpark. Natürlich sind hier auch die Beamten von Fish and Game stationiert. King Salmon ist Anflugplatz für verschiedene größere Seen, nämlich Naknek, Iliamna, Becharof und den Ugashik, wohin ich nun ausfliegen will. Die Gründung des Ortes erfolgte 1918 im Zusammenhang mit der Einrichtung des Valley of ten thousand smokes. Am wichtigsten aber für mich ist die Bestätigung der richtigen Auswahl dieses Platzes durch die „Mile Post“. In der betreffenden Ausgabe war zu lesen in einem Artikel über Land, Leute und Jagdmöglichkeiten:

... This is home for a large population of brown bear ...

Das war letzten Endes auch die ausschlaggebende Entscheidung für gerade dieses Anreise-Ziel. Mit dem Verlassen der Maschine wird spürbar, daß es von hier an mit städtischer Atmosphäre und Zivilisation aus und vorbei ist. Die Gepäckstücke werden auf einen Handkarren geworfen, der noch bis zum Abfertigungsgebäude – es ist eine bessere Baracke – geschoben wird. Von Gepäckabfertigung ist keine Rede mehr. Jeder sammelt sich seine Siebensachen aus dem großen Haufen heraus. Ich zottele mit meiner Bagage zum Terminal der Peninsula Air, der nun kaum noch die Bezeichnung Baracke verdient. An einem Tresen löse ich mein Ticket für die nächste Strecke nach Pilot Point. Das handgeschriebene Billet sieht eher wie eine Wirtshausrechnung aus. Warteraum und Schalter, alles in allem nicht größer als ein mittleres Wohnzimmer. Passagiere kommen und gehen. Einer, zwei, höchstens drei. Das entspricht der Kapazität der hier zum Einsatz kommenden Flugzeuge.

Ob und wann meine Maschine geht, ist offen. Es heißt warten. Ich setze mich zwischen meine Gepäckstücke, nehme die Beine hoch, hole eine meiner Taschenbuchausgaben heraus und lasse den lieben Gott einen guten Mann sein. Nach zweistündiger Wartezeit wird Mr. de Haan aufgerufen und mit ihm die beiden amerikanischen Bärenjäger. Eine kleine, fünfsitzige Piper steht auf dem Flugfeld, der Pilot ein Eskimo. Schnell sind unsere wenigen Gepäckstücke verladen, und schon geht es aufwärts in Richtung Südwesten. Es wird wolkiger, und auch der Wind nimmt zu. Ich denke ein wenig an meine schleswig-holsteinische Heimat zwischen Eider und Nord-Ostsee-Kanal, als wir, natürlich in anderen Weiten, hier zwischen Alaska-Golf und Beringmeer dahinfliegen. Unter uns tausende und abertausende von Seen aller Größen. Das Land grau und braun, kein Grün, keine frischen Farben. Ein riesiger, unermeßlicher Sumpf. Gelegentliche, helle Farbtupfen, mal zwei oder drei, mal zwanzig und mehr: Caribous in fast weißer Frühjahrsfärbung. Als wir Pilot Point, direkt an der Beringsee gelegen, ansteuern, empfängt uns ein erster, heftiger Regenschauer. Nach ungefähr 45 Minuten Flugzeit setzen wir auf der kleinen Feldpiste auf, an der nun nur noch zwei oder drei kleine Wellblechhütten stehen. Zu sehen ist vorerst kein Mensch.

Als ich aus der Maschine springe, kommt ein jüngerer, sympathisch aussehender Mann auf mich zu: Bert McLay. Nebenan steht eine blaugelbe, dreisitzige Maschine mit dicken Ballonrädern. Dort wartet eine kleine, drahtige Frau: Mildred, genannt Mid, Berts Mutter. Und das ist, wie ich nun erfahre, die ganze Besatzung des Camps. John McLay selbst mußte wegen eines Rückenleidens zu Hause in Homer bleiben. Weitere Jäger werden in dieser Saison nicht mehr erwartet. Im ganzen Frühjahr sind nur ein Norweger, der erfolgreich vor zehn Tagen abgereist ist, und ich die einzigen Gäste. Der für Europäer teure Dollar und die hohen Lebenshaltungskosten in den Staaten machen das Geschäft für Outfitter zusehends schwieriger. Als ich im Frühjahr 1984 diesen Jagdurlaub antrat, lag der Dollar für uns bei DM 2,80. Als ich mich im März 1985 an die Konzeption dieses Buches machte, war er auf DM 3,32 gestiegen. Und im November 1990, während ich diese Zeilen schreibe, liegt er unter DM 1,50.

Im Camp am Lower Ugashik Lake

Unser Flug dauert noch einmal knappe 30 Minuten. In dem Maschinchen wackelt und klappert alles. Bert bedeutet mir, daß ich nicht auf einen neben mir frei verlaufenden Draht treten soll. Das ist offensichtlich die Verbindung zum Seitenruder. Dazu zieht es wie Hechtsuppe. Unterwegs macht mich Mid auf Caribous und Elche aufmerksam. Die letzten Meilen gleiten wir ruhig am Ufer des Ugashik-Sees entlang nach Norden. Dicht neben uns, im Osten, eine noch schneebedeckte Bergkette. Sonst aber nichts mehr von Schnee oder Eis. Tiefblau der See. Und dann plötzlich unter uns das Camp, bestehend aus einer kleinen Gruppe grüner Hütten und einem Tower mit rotem Windsack. Wir überfliegen das Lager und landen nach einigen hundert Metern auf einem schmalen Kiesstreifen zwischen Wasser und Busch. Die Maschine wird gewendet und vertäut. Am Ufer liegt ein Aluminiumboot mit Außenborder, mittels dessen uns Bert in wenigen Minuten zum Landungssteg des Lagers bringt. Ich bin am Ziel meiner seit fünf Jahren gehegten Wünsche angekommen.

Nach einem Begrüßungskaffee geht es ans Auspacken und an die Besichtigung dieser, meiner kleinen, neuen Heimat am anderen Ende der Welt.

Im Vergleich zu unserem Zeltlager damals am Tetlin vor fünf Jahren ist alles sehr viel komfortabler und vollkommener. Im Haupthaus befinden sich der kombinierte Küchen- und Aufenthaltsraum, zwei Schlafkammern und Waschraum für die Familie. Gebretterte Wände und Türen, voll ausgelegter Fußboden. In der Mitte ein großer Tisch, dazu Stühle und Sessel. Benzinofen und Feuerherd. Auf dem Tisch steht in einer mit Staniolpapier umwickelten Vase eine rote Rose: Eine Aufmerksamkeit des Sohnes zum Muttertag.

Nebenan das Gästehaus mit zwei Schlafkammern für je zwei Personen. Alles was man braucht. Holzpritschen mit Matratzen und doppelten Schlafsäcken. Wandborde. Benzinofen. Die nötigen Utensilien zum Waschen. Gleicher Bauzustand wie das Haupthaus.

Und die Höhe des Komforts: Das Camp verfügt über einen Generator, der nicht nur der Stromerzeugung dient, sondern auch eine Radiofunkstation unterhält, die den Sprechverkehr mit der Außenwelt ermöglicht. Jeden Tag wird mit Vater McLay in Homer gesprochen. Flüge können über Pilot Point gebucht bzw. umgebucht werden. Und im Notfall läßt sich binnen 25 Minuten der Hubschrauber der Coast Guard herbeirufen.

Das Lager wird von einem kombinierten Vorrats- und Aussichtsturm überragt, der, mit Windsack ausgestattet, zugleich die Funktion des Towers übernimmt. Zum Schutz vor

Bären lagert dort das Wildbret. Der Blick schweift weit über den Ugashik Lake.

Dies alles kommt natürlich nicht von ungefähr, sondern erfordert hohen Einsatz an Arbeit und Geld, das sich bei der gegenwärtigen Geschäftslage kaum amortisieren dürfte. Zwei Jagdgäste im ganzen Frühjahr!

Nach Inbesitznahme meiner vier Wände geht es ans gegenseitige Beschnuppern. Erzählen von zu Hause, von der Familie und natürlich vom Jagen. Es braucht nicht lange, um zu wissen, daß alles paßt. Die McLays leben in Homer. Ihre Hauptberufstätigkeit liegt im Bereich der Fischerei. Eltern und drei Söhne; alle verheiratet. Seit diesem Jahr ist Bert wie sein Vater Master Guide und gehört damit zur Crème der Berufsjägerschaft des Landes.

Auch hier sind meine Gastgeber betont religiös, wie es seinerzeit auch am Tetlin der Fall war. Sie gehören zur Sekte der Mormonen. Alkoholgenuß ist ebenso verpönt wie das Rauchen.

Übernommen hat John McLay diesen Jagddistrikt 1966. Er umfaßt 260.000 Hektar; unvorstellbar für uns. Damals begann er mit Ottokar Skal, der ihm wohl den größten Teil seiner deutschen Jagdgäste vermittelte. Und davon gibt das in Holz gebundene Gästebuch beredtes Zeugnis, in dessen vorderen Deckel Frau Skal einen Elch geschnitzt hat. Alles in allem ein Stück Jagdgeschichte. Wie viele bekannte, deutsche Namen! Unter anderem auch Max Schmeling (s. „Zum Geleit“), um nur einen zu nennen. Und mancher Schleswig-Holsteiner, den ich persönlich kenne und dessen Konterfei mir hier, geprägt vom Jagderfolg, wieder entgegenstrahlt.

Das Abendessen in dieser kleinen, intimen Runde beginnen wir mit dem Tischgebet. Unsere Hausfrau verwendet all ihre Kochkünste auf ein abwechslungsreiches, schmackhaftes Mahl. Heute gibt es Elchsteaks mit vielen Beilagen. Jetzt im Frühjahr ist die Verpflegung natürlich ein spezielles Problem, weil ja Wildbret von frischer Beute nicht zur Verfügung steht. Gejagt wird nur auf Bär. So muß alles herangeschafft werden.

Noch einmal zum technischen Lagerinventar. Zur Verfügung stehen zwei Raupenfahrzeuge, die zur Bergung des Wildbrets, vor allem der Elche, eingesetzt werden. Das aber nur auf zwei vorbereiteten Trails, deren längster etwa 16 Meilen vom Lager fortführt. Neue, derartige Trails dürfen nicht mehr angelegt werden, weil der weitere Einsatz von Motorfahrzeugen verboten ist.

Um im Rahmen des Möglichen den schwierigen Transport im Packbord zu erleichtern, setzt man flache Aluminiumboote ein, die die Creeks hinaufgefahren werden.

Für die Überquerung des Sees stehen mehrere Motorboote mit Außenborder bereit. Darunter auch ein Boot, das im Notfall die Übernachtung ermöglicht.

Was bedeutet es nun, wenn man wie die McLays das Bejagungsrecht in einem solchen Distrikt ausübt? Nichts anderes als das alleinige Recht, dort ausländische Gäste zu führen. Der Alaskaner kann hier jederzeit genauso jagen. Und jeder Guide hat das Recht, hier andere US-Amerikaner zu führen. Daß darunter mancher ist, der seine Befugnisse nicht so genau nimmt, liegt bei der großen Weite des Landes auf der Hand. Der geführte Gast ist dann oft der Betrogene. So jagen immer wieder fremde Guides in derartigen vergebenen Distrikten mit ausländischen Gästen und geben sich als berechtigt aus.

Auch mit fremden Eigentum wird nicht immer so umgegangen, wie man es sich wünschen würde. Wiederholt landeten hier vor dem Lager, außerhalb der Saison, „geflügelte" Diebe und stahlen wertvolles Inventar.

Die erste Nacht ist noch ein wenig unruhig. Die Zeitverschiebung, die vielen Eindrücke und nun natürlich das Bärenfieber. Mein norwegischer Vorgänger hat vor etwa 14 Tagen, am ersten Tag seines Hierseins, schon Erfolg gehabt auf einen guten Bären. Wer weiß, wer weiß!!!

Mit dem Außenborder ins Abenteuer

Um 5.30 Uhr morgens, es ist Sonnabend, der 19. Mai, weckt mich Bert. Schnell die übliche Katzenwäsche, rein in die Klamotten und vor allem in die noch ungewohnten, hüftlangen Gummistiefel. Das Frühstück, bestehend aus Spiegeleiern, gebratenem Speck, Toast, Butter und Crawberry-Marmelade, wird ohne Hetze eingenommen und schmeckt wieder großartig.

Um 6.30 Uhr starten wir dann mit einem Außenbord-Motorboot zum gegenüberliegenden Ufer des heute gottlob ruhigen Sees. Drüben wird das Boot in eine Bucht geschoben und an einer Wurzel vertäut. Dann beginnt die so lange ersehnte Pirsch auf den Frühjahrsbären.

Durch Wasser, über „Nigger heads“

Das Gelände ist völlig anders als ich es im übrigen Alaska kennengelernt und mir vorgestellt hatte. Nicht etwa ein Sumpf in unserem Sinne, durch den man über die berüchtigten „Nigger heads“ von einem zum anderen springen muß, um nicht im Modder zu versinken. In den absolut ebenen Flächen steht das Gras im glasklaren Wasser, vielleicht ein wenig vergleichbar mit asiatischen Reisfeldern. Man patscht durch die Nässe, ohne einzusinken. Im Gegenteil, man folgt eigentlich mehr dem Wasser als den etwas erhöhten Graspartien, weil es sich so widerstandsloser laufen läßt. Schwieriger wird es dann in der etwas höheren Lage, die wie eine grobpickelige, dicke Moorfläche aussieht. Dabei sind die Pickel, nämlich die „Nigger heads“, sehr unterschiedlich hoch. Mal nur 20 oder 50 Zentimeter, mal einen Meter und mehr. Ihre eigene Oberfläche ist mit einer so dicken Moosschicht überzogen, daß man bis über die Knöchel einsinkt. Das Geheimnis des sich in diesem Gelände Fortbewegens besteht darin, daß man versucht, von Schritt zu Schritt möglichst gleichhohe „Nigger heads“ zu erreichen. Und dazu bedarf es eben weiter Schritte und gelegentlich auch eines Sprungs. Gerät man dabei in einen der Zwischenräume, kann man leicht bis zu den Knien und tiefer versacken. Besonders kritisch wird es, wenn dieses Gelände noch zusätzlich von zwei bis drei Meter hohen, dichten Weidenbüschen überzogen ist, die einem den Weg zu dem „Nigger head“, den man gern erwischen möchte, versperren und durch die man sich mühsam hindurchwurschteln muß. Die Krone des Genusses ist es dann schließlich, wenn es bei dieser Bodenbeschaffenheit noch hügelauf geht. Viel mehr als Hügel sind es allerdings nicht, die sich uns in den Weg stellen, aber sie sind endlos oder erscheinen mir jedenfalls so.

Auf dem Anmarsch habe ich eigentlich keine Schwierigkeiten. In einem Brief hatte mir John McLay einmal geraten: „... übe täglich das Hügelsteigen und wenn Du keine Hügel hast, dann laufe Treppen ...“. Das hatte ich mir zu Herzen genommen. Und tatsächlich war ich zu Hause jeden Tag unsere 15-Stufen-Treppe fünfundzwanzigmal rauf und runter gelaufen. Ich glaube, das kommt mir jetzt zugute. Muskeln, Pumpe und Lunge funktionieren ordnungsgemäß. Das Wetter ist herrlich. Wir marschieren hemdsärmelig. Trotzdem noch keine Spur von Mücken.

Schon an dem ersten, kleinen See, dessen Ufer wir runden, begegnen wir einem Biber, der mit lautem Knall das Wasser peitscht, so daß ich mich regelrecht erschrecke. Ganz vertraut beobachtet er uns, auf dem Rücken schwimmend, aus etwa 30 Meter Entfernung. Am nächsten See noch einmal das gleiche Erlebnis. Überall aus den vielen, vielen Wasserlöchern streichen mit Geschnatter und Gegacker Enten und Gänse ab.

Auf einem langgestreckten Hügel beziehen wir Beobachtungsposten und suchen mit unseren Gläsern die sich fast ins Unendliche erstreckende Landschaft ab. Hintergrund, das tiefe Blau des Ugashik. Auf der anderen Seite, weit, weit vor uns, die noch schneegekrönten Häupter der Aleutian Range. Und dazwischen Wasser und Moos, Moos und Wasser, hügelauf, hügelab. Auf einer nicht weit entfernten Biberburg blockt ein Weißkopfadler. Um uns herum purren Schneehühner im Frühlingskleid. Hier und dort Elche, die in ihrer zum Teil noch hellen Frühlingsdecke in den frisch treibenden Weiden äsen. Ein paradiesisches Bild. Unwillkürlich eilen die Gedanken zurück in unsere hektische, europäische Welt, die nicht mehr Platz hat für diesen großen Gleichklang der Natur zwischen landschaftlicher Weite, Pflanze, Mensch und Tier. Möge diesem Land dieses Paradies erhalten bleiben!

Aber es heißt aufbrechen. Wir pirschen ja auf den großen Braunen. Bert hat ein spezielles Ziel: Das Luder des Bären, den mein norwegischer Vorgänger kürzlich erlegt hat. Wir wollen sehen, ob es womöglich von hungrigen Artgenossen angenommen wurde.

Der große Braune vom Ugashik-Lake.

Der Sturmelch.

Der Sturmelch.

Das wird nochmal ein anstrengender Marsch. Dabei müssen wir den Black Creek kreuzen, der in großen Windungen und in einer Breite von etwa 50 Metern mit ziemlicher Strömung dahinfließt und unseren Weg versperrt. Zunächst habe ich doch ein etwas komisches Gefühl im Bauch. Das Wasser reicht fast bis zum Rand der Stiefel, also bis zum Po. Und man muß sich ganz schön gegen die Strömung stemmen. Ich erinnere mich an den Tetlin River, den wir mit Pferden durchritten. Das war zum ersten Mal zwar auch eine Angstpartie, aber man war dem Wasser doch wesentlich ferner als hier.

Am „kill"

Schließlich erreichen wir eine Höhe oberhalb einer weiteren Schleife des Flusses. Bert weist mich auf einen dunklen Hügel in dichtem Ufergebüsch hin. Das ist der „kill" des Bären. Wir verschnaufen eine Weile. Dann meint Bert, wir sollten sehen, ob der kill angenommen ist. Aber vom Entschluß bis zum ersten Schritt langt es nicht mehr. Wir klappen wie Taschenmesser zusammen.

Am Luder eine deutliche Bewegung. Gläser hoch. Kein Zweifel, ein Bär. Sofort sind die Büchsen schußbereit. Aber das besagt zunächst noch nicht viel. Wir sind in einer unmöglichen Schußposition. Aufstehen gegen den Horizont können wir nicht. Liegend haben wir alles mögliche Strauchzeug vor uns, das jeden Schuß verhindern würde. Wie die Hunde auf Hühnersuche kriechen wir zunächst auf den Bären zu. Aber je tiefer wir rutschen, desto spitzer wird der Winkel und um so schlechter die Sicht. Also wieder rauf und quer zum Hang. Die verschiedensten Positionen probieren wir aus. Ganze Gebirge von Rucksäcken, Jacken und Pullovern bauen wir vor uns auf, um die Büchsen ein wenig über die Sträucher zu bekommen.

Der Bär läßt wenig von sich sehen. Er scheint beharrlich am Luder zu liegen oder zu sitzen. Gelegentlich bekommen wir den schweren Schädel frei. So liegen und warten wir. Zunächst einmal wissen wir, daß dort drüben am Luder – etwa 200 Meter entfernt – ein Bär ist. Ob stark oder nicht, Bär oder Bärin, womöglich führend; das alles offenbart sich uns nicht.

Inzwischen liegen wir zwei Stunden in unserer Lauerstellung. Allmählich werden die Knochen steif. Die Augen tränen vom ständigen, angestrengten Beobachten durchs Zielfernrohr. Die Sonne hat sich hinter eine dunkle Wolkenwand zurückgezogen. Kalte Windstöße fegen über das Land. Gerade können wir noch unter unsere Regenponchos schlüpfen. Und dann prasselt ein Wolkenbruch so massiv und dicht auf uns hernieder, daß kaum noch etwas auszumachen ist.

Das ist selbst dem Bären zuviel. Plötzlich ist er hoch, erhebt sich kurz zu seiner vollen Höhe auf die Hinterpranken, reckt und streckt sich, um sich wieder auf alle Viere fallen zu lassen. Das genügt zum Ansprechen. Bert zischt mir zu: „Starker Bär, schießen!“ Durch den strömenden Regen hindurch und das vom rinnenden Wasser starrende Zielfernrohr, versuche ich verzweifelt, Ziel zu fassen. Aber entweder steht der Riese mit gesenktem Kopf spitz oder Büsche verdecken ihn bis zur Rückenlinie. Das alles dauert nur etwa 30 Sekunden; dann tut der Bär sich wieder bei seinem Luder nieder, und alles ist wie zuvor. Wir sehen nur den Kopf. Es ist zum Verzweifeln. Und es regnet und regnet.

Mein großer Brauner

Ein kurzer Blick in die Runde nach links über das Flußufer. Alles grau in grau. Aber dort, ich traue meinen Augen nicht. Da kommt ja ein zweiter, sicher nicht minder starker Bär direkt auf den „kill“ zu. Ich weise Bert ein. Die Spannung ist nicht mehr zu überbieten. Mit langausholenden Schritten zieht der Bär jenseits am Flußufer auf uns zu. Ein herrlicher Anblick dieser zottelige Gesell. Dunkel an Brust und Läufen, heller an Rücken und Kopf. Der Schädel ist hoch erhoben und wird zornig, wie es scheint, hin und her geworfen. Da, ein heftiges Schnauben. Der Bär am Luder wirft sich herum und sucht das Weite. Fast völlig verschwindet er zwischen den hohen Weiden, hier und da nur für Sekunden auftauchend. Aber an einen Schuß wäre nicht zu denken. Ohnehin gilt unsere Aufmerksamkeit jetzt nur dem auf dem Schauplatz neu aufgetretenen Rivalen. Er muß der stärkere, der ältere sein, angestammte Rechte hier am Black Creek verteidigen. Ohne zu verhalten, zieht er weiter am Ufer entlang. Jeden Moment muß er den Fluß annehmen, um an das Luder zu gelangen. Und dann ist er vorerst einmal auf unabsehbare Zeit wie sein Vorgänger für uns verdeckt. Jetzt geht es um Sekunden.

Auf 280 Meter ziehe ich mit, komme hoch auf dem rechten Vorderlauf ab und sehe, wie im Schuß die langhaarige Decke unmittelbar hinter dem Lauf, also Hochblatt, aufstäubt. Den Bären wirft es wie vom Blitz getroffen zusammen. Noch einmal nimmt er sich auf. Zwei, drei mühsame Fluchten weg vom Fluß auf den Busch zu. Aus beiden Büchsen fegt ihm noch je eine Kugel nach. Dann bricht er endgültig zusammen. Ein Zittern durchläuft den ganzen Körper des Riesen. Ein letztes Strecken. Das Haupt neigt sich zur Seite. Und wieder legt sich unendliche Stille über alles, als sei nichts gewesen. Nur der Anblick des gefällten Recken dort drüben im grauen Uferkies bestätigt uns, was geschehen ist. Und wieder schweifen die Gedanken zurück an den Tetlin River. Auch damals trafen wir auf den Grizzly im Flußbett. Auch damals tat er seine letzte Flucht im Uferkies. Noch liegen wir mit eingestochenen Büchsen und warten. Aber es ist vorbei.

Wir erheben uns wortlos, noch benommen von dem Erlebten. Ungeachtet der gerade hier besonders starken Strömung durchwaten wir den Fluß. Und dann treten wir an unseren Bären, den großen Braunen von der Alaska Peninsula. Wir wenden ihn, daß er auf der Brust liegt, den schweren Schädel zwischen den Pranken. Mächtig diese Pranken, gut so groß wie ein Männerschuh und breiter. Wir finden wieder die ersten Worte. Weidmannsheil, Händeschütteln. Trotz des noch immer strömenden Regens einige schnell hingeworfene Schnappschüsse aus den Kameras, deren Objektive kaum wasserfrei zu halten sind.

Und dann geht es an die rote Arbeit, die Bert mit unnachahmlichem Geschick bewältigt. Ich kann nur sehr laienhafte Hilfe leisten.

Und was dann kommt, werde ich ebensowenig vergessen, wie das spannende Erleben um die Erlegung des Bären. Es geht denselben Weg zurück wie gekommen. Nur Bert mit 50 Kilogramm Bärendecke auf dem Rücken und ich mit dem Schädel im Rucksack, der auch ein wenig mehr drückt. Zunächst zurück durch den Fluß. Der starke Regen hat inzwischen aufgehört. Sonnenschein und kurze Regenschauer wechseln miteinander ab. Regenzeug und alle andere Oberbekleidung haben wir verpackt. Wir laufen im weit offenen Hemd mit hochgekrempelten Ärmeln und schwitzen, wie ich selten zuvor in meinem Leben geschwitzt habe. Der Weg wird weiter und weiter und nimmt einfach kein Ende. Die Hügel werden höher und höher. Die „Nigger heads" wollen nicht mehr zusammenpassen. Und die Weiden gebieten Einhalt, wo immer man hindurch will. Man stelle sich vor: das mit Elchschaufeln oder einem Caribougeweih auf dem Rücken, das sich hinter jedem Ast verhakt. Schließlich stolpere ich mehr durchs Gelände als daß ich gehe. Die Muskeln wollen einfach nicht mehr mithalten. Auch Bert macht in immer kürzeren Abständen Verschnaufpause. Bei diesem Hindernislauf wird mir übrigens auch klar, warum die meisten Amerikaner keinen Gewehrriemen führen oder zumindest meistens ihre Waffe waagerecht, abwechselnd in der einen und in der anderen Hand tragen, statt wie wir auf der Schulter. Zum einen geht man viel ausbalancierter, und außerdem sind Schulter und Rücken entlastet, die ohnehin den Rucksack zu bewältigen haben. Wenn es gar nicht mehr will, mißbrauche ich die Waffe sogar für einige Meter als Spazierstock.

Als wir mühsam und schnaufend einen Hang queren, plötzlich unmittelbar vor uns starkes Brechen. Aber nur für einen kurzen Augenblick. Dann Schnauben und Bewegungsgeräusche. Knapp zehn Meter vor uns die schemenhaften Umrisse eines aufgerichteten Bären. In Bruchteilen von Sekunden haben wir die Waffen heruntergerissen, durchrepetiert und entsichert. Alle Müdigkeit und Abgespanntheit sind wie weggeblasen. Bert ruft sein Gegenüber an, ich stimme kräftig mit ein. Der Bär weicht aus. Wenige Meter, und wir stehen am zweiten Flußübergang. Wieder also der Bär und der Fluß. Schneller als sonst durchwaten wir das Wasser. Wir sind froh, als wir drüben sind. Das hätte leicht schiefgehen können. Ein sicherer Schuß wäre in dem hohen Zeugs kaum anzubringen gewesen.

Tröstend meint Bert, nun liege nur noch ein Hügel vor uns und dann ginge es immer nur abwärts bis zum Boot. Das stimmt zwar. Aber wie ich die letzten 30 Minuten dann schließlich geschafft habe, weiß ich eigentlich bis heute nicht. Um 19.00 Uhr erreichen wir unser Boot, das wir um 7.00 Uhr hier verlassen hatten.

Und was alles war geschehen in diesen zwölf Stunden. Zwölf Stunden Jagen, zwölf Stunden körperlicher Einsatz, zwölf Stunden Erleben, wie ich es intensiver und konzentrierter kaum je erfahren habe. Eigentlich sollte man meinen, dieser Erfolg am ersten Tage und damit zugleich das schnelle Ende des Jagens nach den vielen Jahren des Planens, der Vorfreude, des Wartens, stünden zueinander in Gegensatz, ließen nicht die rechte reine Freude aufkommen. Nein, so ist es nicht. Ich habe es nun selbst erlebt. Die Wucht, die alles einnehmende, alles umfassende Macht des Geschehens, gräbt ein tiefes, unauslöschbares Mal in die Elle der Erinnerung. Dieses ist einer der schönsten Tage meines langen und an Erinnerungen reichen Jägerlebens.

Drüben am Steg auf der anderen Seite des Sees winkt uns Mid und gratuliert mit der ihr eigenen Herzlichkeit.

Auch die unvermeidliche Vermessung fällt befriedigend aus: 8,7 feet, das sind rund 2,70 Meter, also höher als zu Hause unsere Zimmer. Ein Beweis dafür übrigens, daß hier ein streitlustiger Kämpe zur Strecke kam, sind die zahlreichen Bißwunden an Hals, Nacken und Läufen. Die obere rechte Lefze ist von einem frischen Biß mehrere Zentimeter weit aufgerissen. Von den beiden nachgesandten Kugeln finden wir nur die eine; ein reiner Wildbretschuß auf der linken Hinterkeule. Es hätte dieser Schüsse also nicht mehr bedurft. Aber die alte Weisheit hat schon ihren tieferen Sinn: Nur ein toter Bär ist ein ungefährlicher Bär. Also schießen, solange der Bär nicht eindeutig verendet ist.

Wie ein Verdurstender stürze ich mich auf die Saftkanne. Fünf gefüllte Becher schütte ich in mich hinein. Und oben drauf einen Magenbitter, damit der Magen nicht rebelliert – natürlich heimlich. Das Essen will kaum rutschen. Die Erschöpfung ist einfach zu groß. Fast tot, falle ich um 20.30 Uhr auf mein Lager, und ein tiefer traumloser, erholsamer Schlaf nimmt mich in seine Arme.

Nachlese

Als Mid am Sonntagmorgen um 8.00 Uhr leise an die Tür klopft und zum Frühstück ruft, bin ich ausgeschlafen und putzmunter. Aber ich muß erst einmal meine Gedanken ordnen, um zu begreifen, was wirklich geschehen ist. Ein Gefühl von Glück, Zufriedenheit und Entspannung nimmt von mir Besitz. Und auf das Dach meiner Hütte trommelt der Regen, trommelt so wie am Nachmittag zuvor, draußen am Black Creek.

Heute wartet nichts mehr auf mich als ausruhen, erinnern, immer und immer wieder nachvollziehen. Genüßlich lasse ich mich zu den Mahlzeiten verwöhnen. Bert steht draußen unter einer provisorisch gespannten Plane und schabt die Bärendecke. Dabei ist kaum zu helfen; ich hätte eher Unheil angerichtet.

Ja, und dann setze ich mich halt gemütlich in einen Sessel in der warmen Stube, lausche dem Rauschen des Regens und dem Bullern des Herdes und vertiefe mich in mein Tagebuch.

Im Laufe des Tages stellen mich meine Gastgeber vor eine problematische Alternative. Wir können entweder die restliche Zeit, und das sind immerhin noch fünf Tage, hier verbringen, ein wenig in der Gegend herumschnuppern und im übrigen faulenzen. Oder aber wir brechen am Dienstag das Lager ab, und das dann endgültig, bis zur Herbstsaison. Ich würde am 22. Mai vorzeitig nach Anchorage zurückfliegen, dort aber nur eine Nacht im Hotel verbringen. Am Mittwoch würde Bert mich dann von dort mit dem Wagen abholen und für drei Tage mit zu sich und seinen Eltern nach Homer nehmen. Ein reizvolles Angebot. Ich habe schon viel von diesem Fischerstädtchen und der Kenai Peninsula gehört, auf der auch Ottokar Skal lebte, und die als eine der schönsten und vielseitigsten Landschaften Alaskas gilt. Ich schwanke zwischen Ruhebedürfnis und Erlebnishunger. Der Regen läßt den ganzen Tag nicht nach und so, wie er mich am

Morgen begrüßte, trommelt er mich abends wieder in den Schlaf.

Am Montagmorgen ist die Entscheidung gefallen. Ich werde McLays in Homer besuchen. Per Funk bucht Bert die Maschinen von Pilot Point und King Salmon um. John McLay wird gebeten, über Frau Trautmann in Anchorage das Hotel zu bestellen und sie zu bitten, mich am Airport zu erwarten.

Und dann beginnen die Vorbereitungen für den Abflug. Meine Siebensachen sind bald verstaut. Bert hievt in halsbrecherischer Turnerei zwei Außenbordmotoren auf den Wildbret-Tower. Bei dieser Gelegenheit zeigt mir Mid ihren Kühlschrank für das Fleisch. Ein knapp ein Kubikmeter großes Loch in der Erde, das mit Schnee ausgemauert ist. Darin Kunststoffboxen mit dem Fleisch. Darüber wieder eine Schicht Schnee und Erde. Wir öffnen eine Box. Auch jetzt noch – draußen ist längst nichts mehr von Schnee zu sehen –, ist das Fleisch frisch und appetitlich. Die unverderblichen Lebensmittel transportiere ich mit Mid auf den Dachboden. Draußen werden die Boote an Land gezogen.

Abschied von der Peninsula

Und dann kommt am Nachmittag ein besonders schöner und stimmungsvoller Abschied. Der Himmel ist wieder blau. Die Sonne schickt wärmende Strahlen zu uns herab. Kaum ein Lüftchen bewegt sich. Trotzdem packe ich mich warm ein. Nochmals werden die langschäftigen „rubber boots“ übergezogen. Statt mit der Büchse, bewaffne ich mich mit meiner LEICA R 4 und dem großen Telyt mit 350 Millimeter Brennweite. Vielleicht haben wir Glück, wie mit unserem Bären.

Wir queren den letzten Zipfel des Sees. Der Fahrtwind des dahinflitzenden Bootes läßt die Augen tränen und die Hände schnell in den langen Ärmeln der Jacke verschwinden. Kaum sind wir einige hundert Meter einen der einmündenden Bäche hinaufgebraust, entdecke ich auf Steuerbordseite, verdeckt durch die Randweiden, zwei große graue Wildkörper. Ich dirigiere Bert ans Ufer. Gebückt pirschen wir bei gutem Wind mit schußbereiter Kamera Richtung Wild. Und dann haben wir zwei

Elchbullen vor uns, die gerade begonnen haben zu schieben. Seltsam sehen sie aus mit ihren beiden kurzen, aus dem Kopf herausragenden „Stöcken“ ohne Ende und Schaufel. Daß das in wenigen Monaten einmal eine vielleicht stattliche Trophäe werden soll, ist kaum vorstellbar. Immer näher patschen wir durch den Sumpf heran, ohne die beiden sonderlich zu beeindrucken. Ich kann eine ganze Reihe Aufnahmen loswerden.

Es geht weiter flußaufwärts, wo in einer Schleife, auf der Böschung, plötzlich etwas Urdeutsches vor uns steht. Ein Hochsitz mitten auf der Peninsula. Wir klettern hinauf. Die Stützpfeiler sind mit Blech ummantelt. Und selbst dieses ist noch durchlöchert. Die Bären haben ihre Krallen daran versucht. Von oben ein herrlicher Ausblick. Weit, weit ins Land hinaus. In der Ferne entdecken wir zwei Caribous. Bert meint, es müßte heranzukommen sein.

Wir brausen den Fluß zurück, wieder seewärts, fahren das Ufer ein Stückchen hinauf und gleiten dann in eine kleine, seichte Bucht hinein, bis zu deren Ende. Und schon sind sie da, unsere Caribous. Wir springen an Land und marschieren ohne jede Deckung auf das vertraut äsende Wild los. Ein wenig dumm und unbedarft sehen sie aus, die beiden, so ohne jeden Kopfschmuck, in ihrer fast weißen Decke. Auf etwa 80 Meter schießen wir unsere Aufnahmen.

Auf dem Rückweg zum Camp dann noch einmal ein unvergeßlicher Anblick. Schon von weitem erkennen wir in Ufernähe den mächtigen, dunklen Körper eines Elches. Wir landen kaum 100 Meter von ihm. Eine hochbeschlagene Elchkuh. Beim ersten Sprung an Land stolpern wir geradezu über eine frische Bärenspur. Bert meint, der Bär müsse ganz vor kurzem hier am Ufer entlang gezogen sein. Und dann pirschen wir uns bis auf etwa 50 Meter an den friedlich äsenden Elch heran, so weit uns das Wasser kommen läßt. Viel Flugwild begleitet uns auf unserer Heimfahrt: Enten, ein Adler und, ganz nahe, zwei Kronenkraniche ... Es ist wunderschön. Als wenn die ganze Tierwelt unseres weiten Reviers noch einmal von uns Abschied nehmen will.

Nach dem viel zu reichlichen Abendessen vertrete ich mir noch ein wenig die Beine. Von Hütte zu Steg und Steg zur Hütte;

viel mehr Auslauf gibt es nicht. Und damit endet der letzte Lagertag am Ugashik.

Zurück nach Anchorage

Am Dienstagmorgen bin ich nach zwei Tagen Ruhezeit schon um 5.00 Uhr munter, lange bevor mich Mid um 6.30 Uhr wie verabredet weckt. Um 8.00 Uhr will Bert mit mir nach Pilot Point starten, wo ich dann um 9.00 Uhr Anschluß nach King Salmon und weiter nach Anchorage bekommen soll. Aber wieder einmal hat der Wettergott eine Überraschung bereit. Als ich vor die Hütte trete, hängt dicker Nebel über dem See, und an Start ist vorerst nicht zu denken. Mich regt das nicht sonderlich auf. Klappt es nicht, dann klappt es eben nicht. Denn erst am Samstag muß ich wieder in Anchorage sein. Also was verschlägt's, ob ich mir nun hier oder in Homer die Zeit vertreibe. Erst einmal in aller Ruhe und gründlich, mit Eiern und Speck, wird gefrühstückt. Dann sitzen wir gestiefelt und gespornt auf Warteposten. Ein wenig gelesen, ein wenig geschnackt. Und zwischendurch über Funk das Wetter erfragt und mit Pilot Point Verbindung gehalten.

Weil es so aussieht, als ob der Nebel ein wenig abhebe, bringt Bert zunächst mal mein Gepäck zum Flugzeug. Und eine halbe Stunde später, es ist 9.00 Uhr, können wir es riskieren. Als ich aus dem Boot aufs Ufer springe, patsche ich geradezu in eine frische Bärenspur. Bert schwört, daß sie noch nicht da war, als er vor einer halben Stunde das Gepäck brachte. Also muß der Bursche gerade hier gewesen sein. Aber das bringt im Land der Bären niemanden aus der Fassung. Je mehr wir uns Pilot Point nähern, desto mehr klart es auf. Die Caribous haben jetzt regelrecht vom Land Besitz ergriffen. Überall tauchen sie in kleinen Grüppchen unter uns auf. Und auf jedem zweiten, kleinen See brütet, wenn er über eine Mini-Insel verfügt, ein Schwan.

Im Anflug auf Pilot Point stellt Bert über Bordfunk fest, daß meine Maschine nach King Salmon schon gestartet ist. Er beordert sie kurzerhand zurück. Und das klappt auch tatsächlich. Wir zerren noch mein Gepäck aus der Maschine, da landet auch schon das Flugzeug der Peninsula Airways. Eine fünfsitzige Maschine. Derselbe Pilot, der mich hierher geflogen hat. Ich bin einziger Passagier. Das Gepäck wird verstaut und nun dazu auch der gewichtige Sack mit Bärendecke und -schädel. Früher übernahmen die ganze Versorgung, einschließlich aller Formalitäten, die Guides. Heute ist das verboten. Nur der Jäger selbst darf persönlich die Abfertigung bei Fish and Game durchführen. Auf halber Strecke landen wir in Egegik zwischen, um Post abzuholen. Ein kleiner, weltverlorener Flecken an der Beringsee mit einem russisch-orthodoxen Friedhof. Am Rande wird einem wieder einmal Weltgeschichte bewußt. Und dann sind wir auch schon in King Salmon.

Ich habe kaum das Gepäck ausgeladen und mein Ticket bezahlt, da erscheint auch schon der Beamte von Fish and Game. Imponierend in seiner ganzen Ausstattung. Dicker Revolver im Holster, rund um den Bauch der ganze Gürtel voll blanker Patronen. Dazu viele dekorative Dienstabzeichen. Das Geschäft läuft ebenso korrekt wie zuvorkommend. Immer noch ein neues Papier wird ausgestellt. Dem armen Bären werden, zusätzlich zu der schon vorhandenen, weitere Blechmarken verpaßt. Dann wird der übliche Zahn gezogen und penibel eingetütet. Der Beamte hilft mir freundlich, alles wieder zu verpacken und bringt mir den Bären mit seinem Wagen zum Terminal der Wien Air.

Dort läuft das Einchecken trotz des nun übergewichtigen Gepäcks problemlos. Ich habe etwa zwei Stunden zu warten. Es erscheinen einige weitere Bärenjäger, darunter auch Deutsche. Aber ich halte mich wie gewohnt schön im Hintergrund. Mir liegt die Fachsimpelei mit den üblichen, immer gleichen Erfolgsberichten so gar nicht. Der Vertreter von Fish and Game meint übrigens, der Schädel meines Bären sei in dieser Saison der beste seines Distrikts, so bei 27 inch, damit also wohl reif für's „Buch“ – aber was soll's.

Nach einem Flug über den Wolken lande ich am frühen Nachmittag wieder in Anchorage, wo mich Frau Trautmann erwartet. Zunächst einmal fahren wir zu unserem Taxidermisten D + C Expediters in der 76ten Avenue. Guter Eindruck. Ein schöner, sauberer Betrieb. Ich schaue mir eine Reihe gelungener Präparate an, sehe ein wenig bei der Arbeit zu. Ich gewinne die Überzeugung, hier gut aufgehoben zu sein. Wir sind rasch handelseinig. Acht Monate Lieferzeit. Das ist immer eine harte Sache, so lange auf die ersehnte Trophäe warten zu müssen. Der Preis für die Bärendecke mit Haupt und gesäubertem Schädel belief sich 1984/85 dort auf 885 Dollar.

Den Rest des Nachmittags verbringe ich im „Captain Cook“ genüßlich mit Körperpflege. Der Tag schließt ab mit Sea foods im „Crows Nest“. Und natürlich fehlt auch nicht eine Flasche guten kalifornischen Weins.

Durch die Kenai Halbinsel nach Homer

Am nächsten Morgen, der sich wieder mit strahlendem Sonnenschein präsentiert, kann ich mir viel Zeit lassen. Ab 11.00 Uhr erwarte ich Bert in der Lobby, der mich per Wagen nach Homer abholen will. Wie üblich treffe ich in der Halle Frau Trautmann. Und, man sollte es nicht glauben, sie bringt mir Grüße von Freund Hans, den sie beim Abflug auf dem Flughafen getroffen hat. Auch er hat einen guten Braunbären am Mother Goose Lake, nicht weit vom Ugashik Lake, zur Strecke gebracht.

Statt um 11.00 Uhr erscheint Bert nach 13.00 Uhr; er hatte Pech mit seinem Wagen. Nach einigen Erledigungen in der Stadt starten wir gen Süden. Unser Ziel ist Homer im Südwesten der Kenai Peninsula. Die Kenai Peninsula liegt südlich von Anchorage, im Norden begrenzt vom Turnagain Arm und den Chugach Mountains, im Westen vom Cook Inlet sowie im Süden und Osten vom Gulf of Alaska. Die Kenai-Halbinsel gilt als eine Art Schweiz Alaskas. Sie wird beherrscht von den Spitzen und Eisfeldern der Kenai Mountains, von riesigen Wäldern, Seen, Flüssen und Strömen. Die Kenai Peninsula ist das Mekka der Sportfischer.

Drei Highways erschließen die Halbinsel. Der Sterling Highway, der Seward Highway und der Hope Highway. Bis Tern Lake Junction verlaufen Sterling Highway und Seward Highway gemeinsam. Von dort aus führt der Seward Highway mit der Bezeichnung 9 nach Seward, während der Sterling Highway mit der Bezeichnung 1 weiter nach Westen verläuft und dann am Cook Inlet entlang nach Homer führt.

Die beiden vereinigten Highways verlaufen von Anchorage aus zunächst am Turnagain Arm entlang bis Portage. Captain Cook hatte diese Meeresbucht ursprünglich Turnagain River genannt, als er 1778 hier auf der vergeblichen Suche nach der Nordwest-Passage umdrehte. Captain Vancouver gab der Bucht 1794 dann ihren heutigen Namen Turnagain Arm.

Während wir dieser Strecke folgen, beobachten wir Robben und Adler. Wir passieren Alyeska Resort, Alaskas größtes Skigebiet und kurz darauf Portage am Portage Gletscher und Kopfbahnhof der Eisenbahn zum Fährhafen Whittier.

Die Straße steigt stetig. Ab etwa 400 Meter Höhe haben wir beiderseits noch eine weitgehend geschlossene Schneedecke. Aber es ist herrlich warm. Um uns weiße Berge, blaue Seen, hier Elche am Straßenrand, dort Dallschafe hoch oben auf den Bergkämmen. Es ist zauberhaft schön. Dann senkt sich nach etwa drei Stunden die Straße in die Küstenebene, und wir fahren parallel zur See. Und dieser Anblick vermag den soeben genossenen noch zu übertreffen. Jenseits des Cook Inlet, also schon auf der Alaska Peninsula, wo ich meinen Bären erlegte, zieht sich ein wenig im Dunst, die weiße Kette der Aleutian Range, dahin. Tiefblaue See, blaßblauer Himmel, weißglitzernde Berge. Wir erkennen Mount Spurr/3.883 Meter, Mount Redoubt/3.108 Meter und Mount Iliamna/3.053 Meter. Etwas später dann taucht der Mount St. Augustin auf, ein tätiger Vulkan, dessen Rauchsäule deutlich zu erkennen ist. Sein letzter Ausbruch im Frühjahr 1986 – ich erwähnte es schon – füllte auch hier in Europa die Gazetten.

Kurz vor Homer, in Ninilchik, sehen wir auf einem Hügel mit weitem Blick über das Meer die russisch-orthodoxe Kirche. Die älteste Kirche dieser Art befindet sich in der Ortschaft Kenai selbst und die berühmteste, allerdings wieder aufgebaut, auf Sitka.

Und nun liegt tief unter uns Homer. Das „Shangri-La of Alaska“; „Bananengürtel Alaskas“ ist eine andere Bezeichnung. Und schließlich gilt Homer als „Halibut Fishing Center of the Kenai Peninsula“. Wie kommt es zu diesen anspruchsvollen Bewertungen? Die Lage Homers ist klimatisch ideal. Die Kenai Mountains im Norden und Osten schützen die Stadt vor kalten Winden. Der Cook Inlet führt das warme Wasser des Japanstromes heran. Die Wintertemperaturen fallen nur sehr selten bis auf den Nullpunkt und kaum jemals darunter. Die Höchsttemperaturen im Sommer liegen bei 27° C.

Homer liegt am Ufer der Kachemak Bay, eine Bezeichnung, die aus dem Aleutischen kommt und soviel wie „Smoky Bay“ bedeutet. Die Stadt baut sich an einer Hügelkette auf und stuft sich ab bis an das tiefblaue Wasser der Bucht, die auf ihrem gegenüberliegenden Ufer von den schneegekrönten Häuptern der Kenai Mountains begrenzt wird. Darunter eine ganze Kette von Gletschern des Harding-Eisfelds. Der größte dieser Gletscher ist der Grewingk Glacier. Die Hänge der Stadt sind übersät von einem Blumenmeer. Lupine und Fireweed (wir kennen sie bei uns als Roter Heinrich) sind vorherrschend. Rosen und Geranien zieren in verschwenderischer Fülle die Gärten und Balkone der wie Würfel über die Hügel ausgestreuten Häuser.

Ein Wahrzeichen der Stadt ist Homer Spit, eine sechs Kilometer lange, schmale, in die Kachemak Bay hineinragende Landzunge, an deren Spitze Fischerei- und Sporthafen, Fischkonservenindustrie und Restaurants konzentriert sind. Homer Spit ist auch Anlegestelle für die Alaska State Ferry, die Seldovia, Kodiak, Seward, Port Lions, Valdez und Cordova bedient.

Die Geschichte dieser kleinen Halbinsel ist geprägt durch das Geschehen der Naturgewalten. Nach dem Erdbeben 1964 senkte sich die Halbinsel um etwa zweieinhalb Meter. Viele Gebäude mußten höhergesetzt werden. 1982 wurde ein Teil der Homer Spit Road von der Sturmflut weggerissen.

Dank seiner bevorzugten Lage ist Homer ein stark expandierendes Gemeinwesen. Heute leben dort etwa 3.500 Menschen. Viele reiche Bürger aus Anchorage haben ihre Zweitwohnungen auf den Hügeln der Stadt. Pensionäre haben dort ihren Ruhesitz genommen. Deutsche Jäger sollen sich dort angesiedelt haben, um die Hektik der Heimat zu vergessen. In der Saison werden Stadt und Hafen von Sportfischern überflutet.

Homer wurde 1898 gegründet und nach einem Goldsucher namens Homer Pennock benannt, dem späteren Eigentümer der Alaska Goldmining Co. Vor dem Gold und über das Gold hinaus war aber für Homer der Kohlebergbau von Bedeutung. Nach wie vor findet man, wenn man an der Küste entlangwandert, in großen Mengen Brocken einer sehr hochwertigen Steinkohle, die von den Einwohnern der Stadt auch systematisch gesammelt und verfeuert wird. Neuerdings gewinnt das Öl an Bedeutung. Draußen im Cook Inlet wird von Bohrinseln nach dem flüssigen Gold gesucht. Viele Einwohner der Stadt sind nicht nur hier, sondern auch oben an der Prudhoe Bay im Ölgeschäft tätig und bilden eine weitere Gruppe wohlhabender Bürger Homers.

In den Räumen der Alaska Wildberry Products kann man die Produktion von Marmeladen, Gelees und Säften aller in Alaska vorkommenden Wildbeeren erleben und die Produkte des Hauses, die eine riesige Bandbreite einnehmen, natürlich auch erwerben.

Von Homer aus kann man per Flug das McNeil River State Game Sanctuary jenseits des Cook Inlet besuchen, wo die größte Braunbärpopulation der Welt anzutreffen ist. Die Bären sammeln sich dort an der Flußmündung, in der Wasserfälle und Stromschnellen ihnen den Fischfang erleichtern. Für den Besuch dieser Bärenfischerei benötigt man ein Permit, das nur bei längerer Anmeldung und nicht leicht zu bekommen sein soll. Nur zehn Personen täglich werden in der Zeit zwischen dem 1. Juli und 25. August dort zugelassen. Für Fotografen sicher ein einmaliges Erlebnis.

In Homer besuchen wir zunächst Chris McLay, Berts nette junge Frau, die dort einen Schönheitssalon leitet. Trotz 20.00 Uhr noch immer bei der Arbeit, aber das ist hier in den Staaten ja absolut normal. Dann geht es zu Berts Eltern, wo wir herzlich begrüßt werden von Mutter Mid, die ich ja schon vom Ugashik her kenne, und John, genannt Jake, dem ich zum ersten Mal die Hand drücke. Wir werden noch mehr von ihm hören.

Ein leckeres Mahl ist angerichtet. Der Abend vergeht wie im Fluge. Wir haben viel zu erzählen. Und je länger man mit der deutschen Sprache nichts anfangen kann, desto besser klappt es auf Englisch.

Das Anwesen der McLays ist nach meiner Schätzung 10 bis 12 Hektar groß. Darauf haben sich Eltern und Söhne mit Familien angesiedelt. Das Haus der Eltern wurde erst vor zwei Jahren erbaut und bietet jeden modernen Komfort. Fast erinnert es in seinem Stil und seiner Hanglage ein wenig an Bavaria. Daneben stehen Gewächshaus und eine Werkstatt und über das Gelände verteilt mehrere Wagen, Trecker sowie Motorboote auf Trailern. Alle Häuser sind selbstgebaut, ohne daß dadurch ein irgendwie selbstgestrickter Eindruck entsteht. Im Gegenteil, eine gute, deutsche Baufirma würde es nicht besser machen.

Der Blick vom Haus ist einzigartig. Gelegen auf der mittleren Terrasse der Skyline, schweift der Blick weit hinaus über den Hafen und die Kachemak Bay auf die gegenüberliegenden, schneebedeckten Bergriesen. Ein Bild, fast wie vom Ufer des Bodensees gen Süden. So lieblich, nur noch weiter und großartiger. Auch das entspricht wieder einmal nicht den Vorstellungen von Alaska, wie wir sie drüben in Old Europe hegen.

Als ich mich um 22.00 Uhr zurückziehe und die Gardinen schließen will, um das immer noch volle Tageslicht aus dem Zimmer zu verbannen, stehen direkt vor dem Fenster eine Elchkuh mit Kalb und äsen seelenruhig im frischkeimenden Gartengemüse. Sehr unwillig und pomadig verlassen sie den Garten, als Mid ihnen durch kräftiges Händeklatschen zu verstehen gibt, daß sie hier an der falschen Tafel speisen. Mit dem Schlafen will es heute nicht so recht klappen. Das viele Autofahren, die wenige Bewegung, viel zu viel Essen und das nicht mehr enden wollende Tageslicht.

Die unkomplizierte, selbstverständliche und herzliche Art meiner Gastgeber nimmt mir von vornherein das Gefühl, zahlender Gast zu sein. Ich fühle mich eingebettet in die Familie. Nach dem Frühstück wurschteln wir ein wenig in Haus und Garten herum. Jake zeigt mir voller Stolz sein Gewächshaus, in dem Tomaten- und Gurkenpflanzen schon fast einen Meter hoch sind. Wir tragen Hängeschalen mit Fuchsien und Begonien zum

Haus, wo sie unter dem Dachüberstand angebracht werden. Die Dahlien stehen schon vor der Südwand und haben, kaum zu glauben, erste Blüten. Zu Hause strecken sie noch nicht einmal das erste Grün aus der Erde.

Gegen 10.00 Uhr erscheinen Chris und Bert, um mich zu einer Sightseeing-Tour durch Homer abzuholen. Und das wird außerordentlich interessant.

Auch hier hatte ich mir eine völlig falsche Vorstellung gemacht. Die Stadt erstreckt sich über 25 Meilen entlang der Kachemak Bay. Wir fahren zunächst die ganze Skyline an der Bucht ab. Asphalt wird bald von Schotter und zurechtgeschobenen Waldwegen abgelöst. In jeder Waldschneise entsteht ein neues Haus. Teils primitive Bretterbuden, aber auch sehr schöne, anspruchsvolle Landhäuser. Alles in Holzbauweise. Festes Baumaterial wäre viel zu teuer. Außerdem ist diese Bauweise durch die doch erhebliche Erdbebengefahr vorgegeben. Die McLays erzählen, daß die gegenüberliegende Bergkette vor Jahren um etwa sieben Meter in den Spitzen absank. Kleinere Beben gehören hier zu den Alltäglichkeiten, an die man sich gewöhnt hat. Elche kreuzen unseren Weg, äsen zwischen den Häusern. Niemand kümmert sich um sie; nicht die spielenden Kinder und ebensowenig die Hunde, die blinzelnd in der Sonne liegen. Mittags nehmen wir in einem Restaurant einen Lunch zu uns. Mitten im Ort, vor unserem Fenster, wieder eine äsende Elchkuh. Das sogenannte Geschäftszentrum ist für unsere Vorstellungen absolut Wildwest. Bunt durcheinandergewürfelt. Einige, anspruchsvolle Geschäftsbauten. Aber das meiste doch mehr als primitiv. Mitten im Ort ein großes Werkstattgebäude mit einem riesigen Hof, wir würden sagen Schrotthof. Bei uns würden die Behörden wegen Verschandelung des Stadtbildes einschreiten. Hier scheint es sich um einen durchaus funktionierenden und gut frequentierten Betrieb zu handeln. Firmenname: „The last Chance“. Und hier wird wirklich aus jedem alles gemacht.

Das kleine Museum von Homer ist mit viel Liebe eingerichtet und außerordentlich interessant. Außer der kurzen Stadtgeschichte wird viel gezeigt von der Tierwelt, vor allem von den Meeresbewohnern und am ausführlichsten von den King Crabs

. . . in raumgreifendem Troll.

Bert vor unserem Caribou-Cabin.

Mein Caribou.

Gemeinschaftlicher Wohnraum in der Lodge am Caribou-Lake.

und Lachsen. Walfang, Kohlebergbau und die Lebensweise der Aleuten finden Erwähnung. Angeschlossen ist eine nette, kleine Verkaufsabteilung, in der Elfenbeinschnitzereien, Bast- und Holzarbeiten, aber auch moderne Kunst angeboten werden. Für das eine oder andere würde ich mich schon interessieren. Aber noch bin ich nicht am Ende meiner Reise.

Besonders interessant ist der Besuch des Hafens. Er liegt auf der langen, schon erwähnten, schmalen Landzunge, die weit in die Bucht hineinragt. Hier spürt man sofort, daß Homer ein bedeutender Stützpunkt der Hochseefischerei, aber auch des Sportfischens ist. Hunderte von großen, luxuriösen Motorbooten, großenteils zum Verchartern, liegen im Hafen. Dazwischen die Kutter der Berufsfischer. Wir gehen an Bord von Berts Kutter, den er selbst in Seward gebaut hat und mit dem er in der jeweiligen Saison auf Hering und Lachs fischt. Er hat eine Besatzung von drei Mann an Bord und ist bis zu sechs Wochen unterwegs auf See. Das gleiche gilt für seinen Bruder, dessen Kutter nebenan liegt. Und Vater Jake hat noch einen Job bei der staatlichen Fähre, die über Kodiak nach Valdez geht. Das ist überhaupt hier wohl das Typische. Man stückelt sich seine Jobs so zusammen, daß man über möglichst viel Bewegungsfreiheit verfügt, bei bestmöglichem Verdienst. Jake bezieht sicher ein festes Einkommen als Teilzeitbeschäftigter der staatlichen Fährbetriebe. Übrigens, die Fähre kommt nur zweimal die Woche. Dann betreibt er intensiv sein Outfitter-Geschäft. Alle paar Jahre unternimmt er Europareisen, hält Vorträge und zeigt Filme. Neunhundert Zuhörer in Düsseldorf, vierhundert in Köln, zweihundert in Kiel. Für eigene Jagdunternehmungen ins Ausland bleibt immer noch Zeit genug. Bert fischt und jagt. Und Chris macht halbtägig in beauty.

Berts Haus, das wir dann besichtigen, ist eine Wucht. Es liegt einige hundert Meter über dem seiner Eltern, in einer traumhaften Lage. Immer wieder dieser herrliche Blick über die Bay. Ein Rasen, der fast einem Golf Green entspricht. Bert führt mir einen Video-Film vor, den er im vorigen Jahr an einer Stelle im Revier gedreht hat, die auch ich kennengelernt habe. Etwa dreißig Minuten, ein fischender Bär. Ich habe viel Freude daran.

Wir besuchen dann auf dem Heimweg noch ein befreundetes

Ehepaar. Die gleiche unkomplizierte Aufnahme. Die Geschichte meines Bären wird in aller Breite erzählt. Nicht nur mal so als Pflichtübung. Das interessiert hier jeden, das gehört zum Lebensinhalt. Die Hausfrau erzählt nebenbei, daß gerade gestern ein Schwarzbär im Garten gewesen ist und sich an ihren frischen Erdbeerpflanzen zu schaffen gemacht hat.

Der Abend führt uns wieder in kleiner, familiärer Runde zusammen. Auch Jake kann mit eigenen Video-Filmen aufwarten. Hier geht es quer durch die alaskanische Tierwelt: Bären, Elche, Caribous, Wölfe, Fuchs und Schneehuhn. Das macht natürlich schon wieder Geschmack! Und das ist auch der Sinn der Sache. Wer wollte es einem Geschäftsmann verübeln, wenn er auch ein noch so netter Gastgeber ist.

Der letzte Tag in Homer bricht an. Es ist nicht mehr ganz so schön. Bedeckt, aber weder Wind noch Regen. Nach dem Frühstück ist zunächst einmal meine längst fällige Eintragung im Gästebuch fällig, auf die großer Wert gelegt wird. Eine Seite muß freigelassen werden für Bilder, die ich nachsenden werde.

Und dann arrangiert Familie McLay, gekonnt wie immer, am Nachmittag noch einen Abschiedsleckerbissen. Mit Berts Boot fahren wir ein Stück in die Bay hinaus. Alle sind mit von der Partie: Jake, Mid, Chris und Bert. Als erstes steuern wir eine Ölplattform an, die von zwei riesigen Hochseeschleppern von ihrem Winterstandort hinausgeschleppt wird zu ihrem Einsatzplatz draußen im Ölfeld vor der Küste. Ein für mich durchaus nicht ungewohnter Anblick, denn manche von diesen Riesen wurden ja in Kiel bei HDW gebaut bzw. stehen in Förderposition vor den schleswig-holsteinischen Küsten. Dann laufen wir hinüber zur Vogelinsel von Homer. Ein richtiges, kleines Helgoland, sogar mit einer „Langen Anna“, nur aus grauschwarzem Felsen, der überdeckt ist mit weißem Vogelkot. Tausende von Möven, Kormoranen und einer Lummenart. Wir fahren mit dem Bug bis unmittelbar an den Felsen heran. Dann läßt Bert das Schiffshorn aufgellen. In Wolken erheben sich die Vogelscharen, kehren zurück auf ihre Nester. Noch einmal die Sirene und wieder. Immer die gleiche Reaktion. Großartig. Ich bin Bert dankbar für dieses Abschiedsschauspiel. Langsam laufen wir zurück in den Hafen. In einem der netten, kleinen Schiffsausrüstungsläden erstehe ich einen Windsack in den alaskanischen Farben; eine hübsche Erinnerung für unseren Signalmast zu Hause.

Der Rest des Tages wird abgebummelt. Noch einige Erinnerungsfotos von dem Anwesen der McLays. Übrigens, ich habe es noch einmal nachgefragt: Alles, was hier zu sehen ist, wurde selbst gebaut. Die Wohnhäuser, Werkstattgebäude, Schuppen, Gewächshäuser, sogar der Fischkutter. Das ist aber hierzulande das Normale.

Der letzte Abend führt uns noch einmal zusammen in gemeinsamer Erinnerung. Es wird nachvollzogen, was wir erlebt haben. Viele Geschichten, vor allem Bärengeschichten, werden erzählt und daraus ergeben sich für mich Alaska-Jungjäger manch interessante Informationen. Zum Beispiel die Erklärung für das erhebliche Ansteigen der Bärenpopulation auf der Peninsula. Die relativ hohen Preise haben in den letzten Jahren dazu geführt, daß nur noch ein verhältnismäßig elitärer Kreis von Jägern, meist Europäer, hier jagt, die entsprechende Ansprüche an Trophäenstärke stellen. Vorwiegend starke männliche Bären wurden erlegt. Das senkt allmählich die Durchschnittsstärke. Bären wie der meine liegen bereits weit über dem Durchschnitt. Eine andere Folge dieser Bejagung aber ist viel wichtiger. Der Bär, insbesondere der männliche, ist Kannibale. Wo immer möglich, vergreift er sich an eigenem und fremdem Nachwuchs. Das kann er mit Aussicht auf Erfolg natürlich nur dann, wenn die Bärin schwächer als er und demzufolge nicht in der Lage ist, ihre Jungen erfolgreich zu verteidigen. Da gerade starke, männliche Bären laufend erlegt werden, führende Bärinnen, natürlich auch starke, aber nicht bejagt werden dürfen, kommt ein weitaus größerer Teil des Bärennachwuchses als früher über das gefährliche Alter hinweg, und daraus wiederum folgt das Ansteigen der Population.

Als wir am kommenden Morgen auf dem kleinen Airport von Homer Abschied nehmen, wissen wir, daß wir uns liebgewonnen haben. Ein letztes, herzliches Händeschütteln. Wir alle müssen ein wenig schlucken. Das „Aufwiedersehen“ ist ernst gemeint. Wenn das Schicksal es zuläßt, werden wir irgendwann gemeinsam wieder in diesem Lande jagen.

Alaska Peninsula und Kenai

Im Herbst 1985 ist es wieder soweit. Nach anderthalb Jahren sehnsüchtigen Wartens zum dritten Mal Alaska. Diesmal stehen Caribou und Schwarzbär und erneut Elch auf dem Programm. Das Jagen auf Caribou und Elch soll mich wieder mit der Familie McLay in Homer bzw. am Ugashik Lake zusammenführen. Auf den Schwarzbären, der auf der Peninsula nicht vorkommt, will ich in einem anderem Camp am Caribou Lake auf der Kenai-Halbinsel jagen, wo ein Freund der Familie McLay, Bruce Willard, eine Lodge unterhält.

Wenige Tage nach meinem 60. Geburtstag starte ich, dieses Mal von Hamburg via Düsseldorf, mit Lufthansa gen Anchorage, wo ich einen dreitägigen Aufenthalt in Kauf nehmen muß, weil Flugbuchungen und Jagdbeginn nicht näher zusammenzubekommen sind. Das ist ein sich ständig wiederholendes Leiden. Die Fluggesellschaften versuchen, auf der Transatlantikstrecke nach Tokio natürlich möglichst viele Passagiere unterzubringen, die die volle Strecke in Anspruch nehmen. Das hat zur Folge, daß man selbst bei monatelanger Vorausbuchung grundsätzlich erst einmal auf die Warteliste gesetzt wird und oft bis zum letzten Moment mit der Unsicherheit leben muß, ob man überhaupt mitkommt. Dabei sucht man sich natürlich die Flüge mit der kürzesten Warteliste aus. Und das bedingt, wie gesagt, in diesem Falle einen Warteaufenthalt von drei Tagen in Anchorage. Aber inzwischen fühle ich mich dort und in der Umgebung so heimisch, daß ich keine Angst vor Langeweile habe.

Als ich in Anchorage auf mein Gepäck warte, treffe ich einen englischen Jäger, für den zwar seine Waffe, aber nicht das übrige Gepäck mitgekommen ist. Eine Lufthansa-Stewardeß bittet mich, einen Seesack an Frau Trautmann auszuliefern. Dieses Gepäckstück, das einem deutschen Jäger gehört, der inzwischen längst im Camp ist, war statt nach Anchorage erst einmal nach

Berlin geflogen. Die Lufthansa muß es nun mit einem Charterflug auf eigene Kosten ins Camp nachliefern. Wieder zwei Fälle, die zeigen, wie wichtig es ist, im Rahmen des Möglichen das Mitkommen des Gepäcks abzusichern.

In den Tagen meines Zwangsaufenthaltes lasse ich mir viel Zeit, die Stadt zu erforschen. Allein beim Jagdausrüster und beim Taxidermisten verbringe ich einen halben Tag. Vorsorglich löse ich zusätzlich zu den drei gebuchten Wildarten auch Lizenzen für Wolf und Volverine. Man kann nie wissen, vielleicht kommen einem auch einmal diese heimlichen Wildarten zu Gesicht, und Nachlösen von Lizenzen ist verboten.

Ausflug nach Palmer

An einem der Tage unternehme ich mit Frau Trautmann eine Fahrt nach Palmer im Matanuska-Tal. Das Wetter ist herrlich, aber empfindlich kühl. Ich schätze so um 5° C. Es geht durch eine frühherbstliche Landschaft, über die mir nun schon vertraute Straße Richtung Fairbanks.

Palmer ist das Wirtschaftszentrum für das Matanuska- und das Susitna-Tal. Die Stadt wurde 1916 als Eisenbahnstation für die Alaska Railroad erbaut. Seit 1935 ist Palmer Mittelpunkt der Kultivierung des Matanuska-Tals. Heute gilt das Matanuska-Tal, mit Palmer als Mittelpunkt, als einziges nennenswertes, landwirtschaftliches Zentrum in Alaska. Die Wachstumszeit in diesem Gebiet umfaßt 80 bis 110 Tage jährlich. Die langen Sonnenstunden führen zur Produktion von Pflanzen in einer Größe, wie sie kaum andernorts auf dieser Welt wachsen.

Wir besuchen eine der in der Umgebung liegenden Versuchsfarmen, die offensichtlich Weltruf hat. Über den Farmer selbst ist sogar ein Buch erschienen, das er uns voll Stolz präsentiert. Er produziert die größten Kohlköpfe der Welt. Sechzig bis siebzig Pound. Dazu Broccoli, Rosenkohl, Erbsen, Johannisbeeren so groß wie Stachelbeeren. Das ganze Anwesen würden wir bei uns als bessere Klitsche bezeichnen oder als etwas größeren Schrebergarten.

Nicht immer ist Diana hold

Im Hotel lerne ich zwei schweizer Jäger kennen. Beide in der zweiten Hälfte der Sechziger. Der eine hat in der Brooks einen guten Bären und einen Elch geschossen, der andere ist erfolglos geblieben. Beim Elch hat die Waffe versagt. Auf den Bären hat er auf Anraten des Guides gegen das eigene Gefühl geschossen, während das Tier schlief. Der Bär kam brüllend senkrecht hoch. Das hat dem Jägersmann auf 40 Meter wohl die Nerven genommen. Der zweite Schuß ging fehl. Die dreistündige Nachsuche mit zwei starken Wundbetten brachte nichts. Auch das Wetter war schlimm. Von zwölf Tagen konnten die beiden nur an vier jagen. Das Flugzeug mußten sie aus dem hochwasserführenden Fluß retten und dann fluchtartig das Lager räumen. Ja, auch so kann es dem Jäger in Alaska ergehen.

Per Flugboot zum Camp

Am 15. September um 11.20 Uhr starte ich mit einer Boing 737 der Mark Air. Der Flug ist unruhig. Unter uns schieben sich weiße, graue und schwarze Wolkengebirge ineinander. Als wir nach einer knappen Stunde in King Salmon landen, peitscht der Regen über das Flugfeld, und man kann sich kaum gegen den Sturm halten.

Der Mann am Schalter der Peninsula Airways weiß Bescheid, daß ein Flugboot drei weitere Gäste und mich direkt zum Camp am Ugashik Lake bringen soll. Aber er macht ein bedenkliches Gesicht. Auch am Ugashik ist es sehr stürmisch.

Inzwischen taucht ein älteres Ehepaar auf. Ayers aus Neuseeland. Beide in den Siebzigern. Jake McLay hat auf ihrer Farm gejagt, und nun machen sie einen Gegenbesuch, um es am Ugashik wie ich auf Elch und Caribou und außerdem auch auf Braunbär zu versuchen. Der vierte Passagier bleibt aus. Er hat, wie ich später erfahre, im letzten Moment absagen müssen.

Das Warten auf den kleinen Feldflughäfen hier oben im Norden ist mir inzwischen zur Gewohnheit geworden. Ich hole mein Taschenbuch heraus und mache es mir auf der Bank bequem.

Gegen 14.00 Uhr wird es lebendig, d. h., daß sich das Wetter etwas beruhigt hat und wir starten können. Draußen steht ein antiquiertes, klappriges, blauweißes Flugboot. Der Pilot meint, wir wollen es mal versuchen. Das Gepäck wird verstaut. Meines im Schwanz. Wir klemmen uns in die drei von vier Sitzen. Und dann geht's mit Gedonner und Getöse in die Luft. Es wird, wie zu erwarten, ein sehr unruhiger Flug. Trotz der geringen Flughöhe meist in Wolken und Nebel. Gelegentlich scheint das mir schon bekannte Muster der Potholes durch die Wolkengardinen. Nach etwa einer Stunde haben wir den Ugashik Lake unter uns. Wir fliegen eine große Schleife übers Camp. Dann nähern wir uns schnell der Wasseroberfläche, die mit weißen Schaumkronen nach uns greift. Ein ausgesprochen unangenehmer Anblick. Die Landung ist dann aber weniger rauh, als ich erwartet habe. Da das Flugboot neben den Schwimmern ja auch Räder hat, können wir die zwei Meter Uferstreifen hinaufrollen und trockenen Fußes aussteigen.

Zu Hause am Ugashik

Herzliche Begrüßung. Alle meine lieben Freunde sind anwesend: Jake, Bert, Mid und Chris. Dazu Picky, ein Neuseeländer, über den wir noch Näheres hören werden, und zwei Hunde von Bert.

Der Pilot läßt sich kaum Zeit für eine Tasse Kaffee. Er drängt auf schnellen Start, weil sich das Wetter offensichtlich wieder verschlechtert. Mit ihm gehen zwei Amerikaner zurück, die hier vor uns gejagt und gefischt haben. Das schwerfällige Flugboot läuft einige hundert Meter hinaus auf den See, dreht und kommt dann mit gischtender Bugwelle und donnernden Motoren auf uns zugebraust. Unmittelbar vor dem Uferstreifen hebt es ab und gewinnt schnell an Höhe. Und dann sind wir wieder unter uns. Kein Motorenlärm mehr, nur das Heulen des Sturms und das Brausen der Brandung.

Ich beziehe die gleiche, kleine Kammer wie vor anderthalb Jahren und bin sehr froh darüber, daß Nummer vier abgesagt hat, denn auf diese Weise habe ich keinen Schlafgenossen. Beim

Auspacken entdecke ich, daß die Maschine beim Wassern nicht dichtgeblieben ist. Mein Rucksack ist klatschnaß und mit ihm auch ein Teil seines Inhalts. Schlafanzug, Unterhosen, Hemden, Strümpfe etc. etc. kommen erst einmal über den bullernden Herd, auf dem schon das Abendbrot vorbereitet wird.

Und nach dem Abendessen gibt es Kino. Bert und Picky sind mit den gerade auf dem Markt erschienenen, neuen Achtmillimeter-Videofilmkameras von Sony ausgerüstet. Sie haben unsere Landung und den Einzug ins Camp gefilmt, und das Ergebnis wird uns nun taufrisch vorgeführt. Eine wirklich tolle Sache. Die Bilder sind farblich und in der Schärfe hervorragend. Nur mit dem Ton hapert es noch etwas.

Um 21.00 Uhr liege ich in der Koje und träume dem ersten Jagdtag entgegen. Draußen heult der Sturm. Der Regen prasselt auf das Dach. Ich kuschle mich tief in meinen Schlafsack. Ob es bei diesem Wetter morgen überhaupt einen ersten Jagdtag geben wird?!

Um 7.15 Uhr weckt mich Bert. Gemeinsames Frühstück. Die üblichen Pancakes. Ayers macht sich mit Jake auf den Weg für eine erste Pirsch in Lagernähe.

Durch Sturm und Wellen . . .

Bert traut dem Wetter nicht recht und rät zum Abwarten, weil wir etwa 60 Minuten mit dem Motorboot über den See müssen. Das Camp liegt am Lower Ugashik, eine Art großer Bucht des Upper Ugashik, in der sich die Wellen nicht so entfalten können, so daß es relativ ruhig ist. Vor der Bucht aber geht, wie wir deutlich mit den Gläsern erkennen können, hohe Dünung mit weißen Schaumköpfen.

Um 10.00 Uhr entschließen wir uns dann doch zum Aufbruch. Das Boot ist eine Kunststoffschale mit Außenborder. Vorne eine Windschutzscheibe. Den im übrigen offenen Bootsraum decken wir mit einer Kunststoffplane ab, unter der wir uns verkriechen. Wir, d. h. Bert, Picky und ich. Ich habe mich mit Angora-Unterzeug, Stricksachen, Daunenjacke bis unter die Nase vermummt, weil es draußen nicht nur stürmisch und regnerisch, sondern auch saukalt ist. Über dieses warme Unterfutter kommen Regenjacke, Regenhose und Gummihüftstiefel. Bert übernimmt das Steuer. Picky sitzt hinten, um im Bedarfsfall schöpfen zu können. Ich habe mich in die Mitte gekauert und halte Gepäck und Waffen zusammen, damit nichts über Bord geht. Mid und Chris, die ebenfalls volle Regenmontur angezogen haben, schieben unser Boot vom Ufer frei, und dann geht es mit aufheulendem Motor hinaus in die Bucht. Die ersten paar Meilen verläuft das alles recht kommod. Der Wind kann uns hier in der Bucht wie gesagt noch nicht viel anhaben. Als wir dann aber einen schmalen Felsdurchlaß passiert haben und in den freien See hinausschießen, packen uns die Naturgewalten. Das Boot wird hin und her geworfen und schlägt auf die Wellen, als wenn es auseinanderbrechen wollte. Mal schaukeln wir tief unten im Tal, dann wieder hoch oben auf einem Wellenberg. Gesprochen wird nicht mehr. Jeder ist vollauf mit sich selbst und seiner Aufgabe beschäftigt. Bert hält meisterhaft den Kurs, Picky schöpft fieberhaft das einbrechende Wasser wieder aus der Nußschale, und ich habe alle Mühe, mich selbst und meine Bündel beieinanderzuhalten. Nach etwa 45 Minuten erreichen wir wieder eine schmale Enge, wo einige Fischer-Lodges stehen und auch Wasserflugzeuge verankert sind. Trotz des Wetters stehen die Fischer in der Brandung. Jenseits des Durchlasses ist es dann wieder wesentlich ruhiger. Wir sind froh, als wir das Boot endlich an Land ziehen können, wo wir es sorgfältig vertäuen.

Wenn es auch nach wie vor stürmt, hat doch der Regen nachgelassen. Blaue Flecken erscheinen am Himmel, und auch die Sonne lugt aus den dahinjagenden, nun zerfetzten Wolken.

Wieder auf sicheren Beinen

Wir pellen uns aus unseren verschiedenen Wärmeschalen, denn, das läßt uns das Gelände erahnen, nun wird uns ein schweißtreibender Marsch bevorstehen.

Von dem schmalen Strandstreifen geht es über eine steile Abbruchkante hinauf in ein hohes Weidendickicht, durch das wir uns ohne jegliche Sicht zunächst einmal über einige hundert Meter hindurchkämpfen müssen. Über uns und um uns ein Sperrwerk von Ästen, unter uns moderndes, von Moos überzogenes, glitschiges Holz. Als wir diese Barriere überwunden haben, ist kein trockener Faden mehr auf dem Körper. Die Lungen pfeifen und das Herz trommelt. Aber wir wissen nun wenigstens, wo wir sind und wo wir hintreten. Das Weidendickicht hat einer fast freien Hochfläche Platz gemacht, die zwar nicht steil, aber doch sehr stetig ansteigt. Der übliche sumpfige Untergrund, in dem wir immer wieder bis zu den Waden versinken. Nach wie vor bläst ein kräftiger Wind. Aber der Himmel ist inzwischen wolkenfrei, und eine strahlende Sonne macht uns Mut.

Schon nach etwa zwei Stunden machen wir vor uns auf einem Höhenrücken eine Elchkuh aus, die hinter sich in eine für uns nicht einsehbare Mulde äugt und dort dann nach kurzer Zeit auch verschwindet. Wir pirschen in einem großen Bogen nach, um mit besserem Wind an den Kessel heranzukommen. Noch bevor wir die Höhe erreichen, entdecken wir etwa 300 Meter querab einen jüngeren Schaufler, der vertraut äsend von uns wegzieht. Als wir den Rand der Mulde erreichen, ist die Szene leer. Weder Tier noch Schaufler. Wir hocken uns gut gedeckt hinter einen Weidenbusch, um uns zu erholen und zugleich die Umgebung zu beobachten, die wir nun auf größere Distanz einsehen können. Plötzlich erscheint auf dem gegenüberliegenden Höhenrücken die Kontur eines starken Schauflers, die wir auch auf diese etwa 800 Meter ohne Glas zweifelsfrei erkennen können. Nur für Sekunden läßt er sich sehen, so daß wir noch nicht einmal mehr das Glas hochbekommen. Kaum ist der Elch verschwunden, stürmen wir so schnell uns unsere Beine tragen hangabwärts, um in den Sichtschatten des Höhenrückens zu kommen, hinter dem irgendwo ja das Wild stehen muß. So schnell wir in der Talsohle angelangt sind, so langsam geht es am Gegenhang aufwärts, weil wir ja Schritt für Schritt wieder mit dem Auftauchen von Wild rechnen müssen. Aber es geht gut. Als wir, auf der Höhe angelangt, vorsichtig den Kopf über den Kamm schieben, haben wir auf dem Gegenhang vor uns, vertraut äsend, ein Rudel von vier Tieren zusammen mit dem Schaufler vor uns.

Und welch ein Schaufler! Ein riesiger, schwarzer Körper mit hohem Buckel und gedrungenem Träger. Gewaltige, vielendige Schaufeln an starken, leicht abwärts geneigten Tragstangen. Hier gibt es keinen Zweifel. Das ist auch für die Peninsula ein Kapitalschaufler.

Zwischen uns und dem Wild liegt eine kleine Weideninsel, bis zu der wir kommen müssen, um freies Schußfeld zu gewinnen. Picky bleibt zurück. Bert und ich robben auf allen Vieren durch das hohe Kraut. Und jetzt entsteht eine kitzlige Situation. Der Schaufler tut sich nieder, so daß nur noch die Schaufeln selbst zu sehen sind. Die Tiere müssen trotz guten Windes irgendetwas gemerkt haben, sichern zu uns herüber und beginnen neugierig mit hochgestellten Lauschern auf uns zuzuziehen. Inzwischen sind wir an der Weideninsel angelangt und gehen an deren Rand vorsichtig in Schußposition. Die Tiere kommen immer näher. Die vorderste Elchkuh steht nur noch etwa zehn Meter vor uns. Das Mißtrauen wächst. Sie wirft sich herum und nimmt die übrigen Tiere 20 bis 30 Meter mit. Diese Unruhe im Rudel hat sich auf den Schaufler übertragen. Er wird hoch und äugt argwöhnisch zu uns herüber. Nun wird es höchste Zeit. In jedem Moment muß das Rudel flüchtig werden. Der Schuß peitscht hinaus. Der Schaufler bricht zusammen, kommt mit den Vorderläufen noch einmal hoch. Die zweite Kugel faßt den Träger und wirft ihn endgültig in seiner Fährte zusammen. Zu sehen ist nichts mehr. Die Tiere sind abgesprungen. Der Schaufler ist im hohen Busch verschwunden. Das heißt für uns erst einmal tief durchatmen und abwarten. Nach zehn Minuten pirschen wir vorsichtig mit schußbereiten Waffen dorthin, wo der Schaufler aus unserem Sichtfeld verschwand. Und urplötzlich stehen wir vor dem gefallenen Recken. Er ist in einen tiefen Graben gestürzt, aus dem das gewaltige Schaufelpaar herausragt, während Zweige und Bodenbewuchs fast den Körper verdecken. Ein alter, reifer Schaufler. Nach unten abgewinkelte Tragstangen. Schaufeln wie dicke, massive Bretter. Oben fast schon geschlossen, aber darunter eine Vielzahl herrlicher, teilweise weitausholender Enden. Links 13 Enden, rechts 14 Enden, darunter zwei Vorschaufeln mit je 3 Enden. Wir hocken uns zusammen, erleben alles noch einmal nach, wie es war und wie es gekommen ist. Immer wieder umkreisen wir unsere Beute und bestaunen die herrliche Trophäe.

Nachdem die rote Arbeit getan ist, muß der Schlachtplan für den Abtransport gemacht werden. Diese rund eine Tonne Wildbret will bewältigt werden. Den Transport auf dem Rücken, Stück für Stück zum Boot, wollen wir möglichst vermeiden. Das wären viele Wege hin und her in dem schwierigen Gelände, die selbst an einem ganzen Tag kaum zu bewältigen wären. Also geht es erst einmal auf einen Erkundungsgang.

Und, Gott sei es gedankt, in gar nicht großer Entfernung entdecken wir einen See, der gerade so groß ist, daß es Bert gelingen müßte, mit seinem Wasserflugzeug dort zu landen. Ohne den Elch aus der Decke zu schlagen, zerwirken wir ihn in Einzelteile, gerade so groß, daß wir sie noch bewältigen können, das heißt Keulen, Blätter, Rücken, Hals und Filets. Das alles wird an Stricken über etwa 800 Meter zum See hinuntergeschleift, dort gelagert und verblendet. Nur die Trophäe ist uns zu kostbar. Die muß mit auf dem Marsch zum Boot. Picky schultert die Schaufeln. Bert und ich beladen uns zusätzlich mit seinem Gepäck. Und so geht es den gleichen Weg rückwärts zur Küste, den wir gekommen sind. Alle Mühe wird leichter im Gefühl des Glücks nach diesem herrlichen und mit so schönem Erfolg abgeschlossenen Tag.

Und noch einmal über den wütenden See

So wie die Sonne uns den Weg zum Erfolg erleichtert hat, macht uns das Wetter nun die Heimkehr zum Camp mühselig und schwer. Der Himmel bezieht sich wieder. Die Wolken jagen dahin. Erste Regenböen übersprühen das Land. Und grau und böse liegt der See vor uns, als wir das Boot erreichen. So wie bei der Herfahrt, verpacken wir uns bis an die Halskrause in Pullovern, Jacken und Regenzeug. Waffen, Gepäck und Trophäe werden festgezurrt. Und dann geht es wieder hinaus ins nasse Element. Als wir den Durchlaß zum eigentlichen See vor uns haben, erkennen wir, daß Brecher über die Felsnasen hinwegschlagen. Und kaum haben wir die Enge passiert, da packen uns Sturm und Wellen mit voller Wucht. Diesmal steht die See halb von achtern, so daß das Boot wie ein Spielball regelrecht nach vorne geworfen wird. Hier merkt man nun wirklich, daß Bert nicht nur Jäger und Flieger, sondern auch erfahrener Seemann ist. Trotzdem haben wir manchmal das Gefühl, als könnten wir das Ufer nicht mehr erreichen. Eine hohe Welle wirft das Boot im freien Flug in ein Wellental. Es kracht gottserbärmlich. Und schon sprudelt das Wasser ins Innere. Diesmal nicht von oben, sondern von unten. Der Aufprall war so stark, daß das Boot achtern leckgeschlagen ist. Nun schöpfen wir fieberhaft zu zweit. Bert steuert unbeirrt auf den Einlaß unserer Bucht zu, der allmählich sichtbar wird. Es ist wie ein Wunder. Als wir die der Einfahrt vorgelagerte Felseninsel passiert haben, ist die Dünung verschwunden. Der Wasserspiegel kräuselt sich nur noch leicht. Unseren Blicken, die sich kreuzen, ist deutlich zu entnehmen, daß uns allen ein riesengroßer Stein von der Seele gefallen ist.

Den Rest des Weges schaffen wir gemütlich tuckernd in nur noch etwa zehn Minuten. Wir sehen schon von weitem die versammelte Mannschaft am Ufer stehen. Erleichterung und Freude auf beiden Seiten, als wir wohlbehalten an Land springen und unsere prächtige Beute präsentieren. Am Lower Ugashik, also im Lager, hat es, wie wir erfahren, den ganzen Tag über geregnet.

Camptag

Der folgende Tag ist Camptag.

Nachdem ich mit Jake das Geweih des Schauflers versorgt habe, startet er mit Bert, um das Wildbret zu holen. Die beiden brauchen drei Flüge für den Transport dieses Berges von Fleisch.

Im Klönschnack über dies und das, wofür das Lagerleben natürlich viel mehr Zeit hergibt als das Jagen draußen im Revier, erfahre ich ein wenig mehr über Picky und seine Verbindung zur Familie McLay. Picky ist Polynesier, und zwar Maori, also ein Angehöriger des Stammes der Ureinwohner. Auf Neuseeland betreibt er für den dort größten Bezirk die Schafschererei und hat Jake McLay in Neuseeland auf verschiedensten Jagden geführt. Auf seltsame und fast dramatische Weise haben sie zusammengefunden. Vor Jahren war er einmal als Jäger allein in Alaska. Es war die Zeit, als Ausländer noch ohne Guides jagen durften. Er ließ sich von einem Lufttaxi-Piloten am Ugashik Lake absetzen. Dort campierte er mutterseelenallein in einem kleinen Einmannzelt und versuchte sich auf Elch und Caribou. Aber der Erfolg blieb aus. Die Lebensmittel schmolzen dahin, und kein Lufttaxi erschien zum Abholen. Tage um Tage verstrichen über den vereinbarten Termin hinaus. Bert McLay war auf dem Flug vom Camp nach Pilot Point das Zelt aufgefallen, und er wunderte sich, daß es nach drei Wochen immer noch dort stand. Nach einigen, weiteren Tagen machte er bei einem Flug die gleiche Feststellung. Daraufhin entschloß er sich zur Landung und kontrollierte das Zelt. Er fand dort einen fast verhungerten Picky, den er dann mit in das Camp der McLays nahm. Daraus ist eine Freundschaft entstanden, und seitdem ist Picky Jahr für Jahr bei den McLays am Ugashik. Er hat dort längst Bär, Elch und Caribou geschossen. Und nun kommt er immer wieder, um die Jagdsaison dort zu verbringen. Aber nicht zum Jagen, sondern zum Helfen und zum Fotografieren.

Am späten Nachmittag erscheint auch Jack Ayers wieder. Unsere Flieger hatten bereits angekündigt, daß er Erfolg gehabt haben müßte. Sie hatten ihn, als sie das Wildbret meines Elches einholten, aus der Luft beobachtet. Und tatsächlich, er kommt heim mit einem braven Schaufler. Grund genug also, für Jagdgäste und Guides, rundherum glücklich und zufrieden zu sein.

Kintopp im Camp

Nach dem Abendbrot ist große Filmvorführung. Picky hat den ganzen Ablauf unserer Elchjagd vom Vortage gefilmt. Der spannungsgeladene Ablauf dieser Pirsch und die Konzentration auf das Wild haben es mich gar nicht merken lassen, daß Picky in seiner leisen, unaufdringlichen Art stets hinter mir war und den Gesamtablauf dieser Jagd im Bilde festhielt. Das ist schon eine seltsame Sache, so etwas, nach 24 Stunden, auf der Leinwand, nun fast als Drittbeteiligter, nocheinmal zu erleben. Dabei entdeckt man manche Kleinigkeiten, die einem selbst während der Pirsch gar nicht aufgefallen sind. So interessant das alles auch sein mag, ein wenig entzaubert es doch das Ursprüngliche des selbsterlebten Geschehens. Jeder Jäger, der nicht nur mit dem Verstand und dem Beutetrieb, sondern ein wenig auch mit dem Herzen jagt, kennt dieses eigenartige Gefühl am erlegten Stück. Man freut sich über den Erfolg und ist doch zugleich traurig über das Ende dieses Erlebnisses und zugleich auch über das physische Ende des Wildes. Irgendwie ist einem doch dieses Wild Wegbegleiter gewesen. Wegbegleiter, manchmal für einen Tag, oft über Wochen, Monate, ja über Jahre, solange, bis die endgültige, alles beendende Entscheidung gefallen ist. Und mit dieser Beziehung, so meine ich, will sich das flimmernde Bild irgendwie nicht so recht vertragen. Picky verspricht mir eine Kopie des Films. Sie hat mich nie erreicht. Ich bin darüber nicht böse.

Über Nacht brist es wieder gewaltig auf. Der Wind heult um die Ecken der Hütten. Alles, was nicht niet- und nagelfest ist, rappelt und klappert.

Zur Biwakschachtel an der Bristol Bay

Morgens läßt der Wind ein wenig nach.

Gegen Mittag starten Bert und ich zum Außencamp, wo es nun dem Caribou gilt. Drei Tage stehen uns dafür zur Verfügung. Wir überfliegen den Wasserweg, den wir zwei Tage zuvor mit dem Boot genommen haben. Wir erkennen die Stelle, an der der Elch fiel und den kleinen See, von dem er abtransportiert wurde. Je weiter wir fliegen, desto flacher wird das Land. Der Anteil der kleinen und großen Seen wächst ständig. Weit hinten am Horizont taucht das Meer auf. Je mehr wir uns dem Außenlager nähern, desto häufiger sehen wir hier und dort kleinere Herden von Caribous bis etwa 20 Stück und einzelne Tiere.

Nach 30 Minuten Flugzeit setzen wir zur Landung in einer

kleinen Mulde auf natürlicher Grasfläche an. Von Piste keine Rede. Lediglich zwei abgebrochene Zweige markieren über eine Strecke von etwa 200 Metern die Länge der Bahn. Die Maschine – diesmal also kein Wasserflugzeug – rumpelt und pumpelt über die unebene Fläche und bleibt unmittelbar vor einem winzigen, in eine Buschinsel eingefügten Hüttchen stehen. Noch als wir zur Landung ansetzen, sehen wir, daß sich hinter uns eine graue, böse aussehende Wolkenwand aufbaut. Als wir die Luke öffnen, um die Maschine zu verlassen, wird uns diese fast aus der Hand gerissen. Wilde Windstöße und erste Schauer machen uns Beine. Im Nu haben wir unsere wenigen Habseligkeiten zur Hütte transportiert. Das Flugzeug wird regelrecht in die Büsche hineingestopft und am Schwanz sowie an beiden Flügelenden fest an tiefliegenden Zweigen verzurrt.

Unser Häuschen ist winzig. Vielleicht 3 × 3 Meter in den Abmessungen. Zwei Holzpritschen übereinander, Tisch, zwei Hocker, Ofen, Kocher und ein Bord; und natürlich die unbezahlbare Gaslampe an der Decke. Unsere Schlafsäcke und das Nötigste zum Essen haben wir mitgebracht. Nebenan steht, noch tiefer im Busch, eine gleichartige Hütte, aber ohne Ofen. Und um die Ecke, in den Erlen, vielleicht hundert Meter entfernt, der Rest Room; das bedeutet einen selbstgesägten Sitz auf zwei Pflöcken, ganz im Freien und nichts oben drüber oder drum herum.

Etwa um 15.30 Uhr sind wir eingerichtet. Am Einflugtag darf ohnehin nicht mehr gejagt werden, selbst wenn es ginge. Wir plaudern trotz meines holprigen Englisch munter drauflos und über Gott und die Welt, aber irgendwann gehen Stoff und Vokabeln dann doch aus, und wir vertiefen uns in unsere Bücher. Zum Abendessen gibt es Reste: Gulasch und Reis durcheinander. Und dazu viel Tee.

Sturm, Sturm . . .

Draußen wird es immer wilder. Der Sturm heult. Die Zweige der Erlen peitschen gegen unsere Hütte. Bert erzählt, daß er vor Jahren einmal in einem ähnlichen Hüttchen bei starkem

Außencamp am Caribou-Lake.

Mein alter Schwarzer.

Das Camp an der McColl-Ridge.

Sonnenbad vor unserem Schlafhaus.

Sturm campiert hat. Eine Windböe riß das Häuschen aus seiner Verankerung und kugelte es den Hang hinunter mit der Folge, daß sich die beiden Jäger aus einem Trümmerhaufen befreien mußten.

Ungeachtet der tobenden Umwelt schieben wir uns in unser doppelstöckiges Bett. Aber trotz Schlaftablette ist an Schlaf nicht zu denken. Die Tür hält dem Druck des Windes nicht mehr stand und läßt in Strömen Regen ein. Wir dichten mit Gummimatratzen ab. Der Wind drückt derart auf das Haus, daß es sich auf der dem Wind zugeneigten Seite immer wieder um einige Zentimeter vom Boden abhebt und mit einem kräftigen Bums auf die Erde zurückfällt. Nun denke ich höchstaktuell an die Geschichte von Bert und warte jeden Moment darauf, daß wir anfangen zu rollieren. Aber das Erlengestrüpp ist unser Schutz. Es hält die kleine Hütte wie mit riesigen Armen gefangen.

Erste Pirsch auf Caribou

Noch bei voller Dunkelheit kriechen wir morgens aus den Federn und stellen zu unserer Erleichterung fest, daß wenigstens der Regen aufgehört hat, wenn auch der Wind noch braust. Im ersten Morgendämmern entdecken wir 200 Meter vor der Hütte eine kleine Herde Caribous, aber nur Kühe mit Kälbern. Mit zunehmender Helligkeit erscheinen die ersten blauen Flecken am Himmel. Ein Hoffnungsschimmer also für den beginnenden Tag.

Noch vor Sonnenaufgang machen wir uns auf den Weg. Dick vermummt. Es geht hügelauf, hügelab. Diese Bodenformation und auch die Art des Pirschens erinnern mich sehr an die Argali-Jagd in den siebziger Jahren in der Mongolei. In den Höhen ist der Boden steinig und dicht mit Beerenkraut bewachsen. In tieferen Gebieten sumpfig und gelegentlich mit dichten Erlenhorsten durchsetzt. Dementsprechend läuft es sich unterschiedlich beschwerlich. Von den Höhen der Hügelkette schweift der Blick unendlich weit über Sümpfe und Seen hinaus bis an die Bristol Bay, die ein Teil der Bering-See ist. Durchs Glas können wir die Brandung erkennen. Wir wandern nordwärts über den höchsten Punkt dieses Gebietes, der kartographisch mit 405 Fuß ausgewiesen ist. Zwischendurch immer mal eine Viertelstunde Beobachtung. Wir verkriechen uns dann in den Windschatten eines Busches. Inzwischen ist der Himmel reingefegt, aber der Sturm bläst unverdrossen. Oft müssen wir regelrecht dagegen ankämpfen, und die Augen tränen, daß man kaum durch die Gläser blicken kann.

Gegen Mittag haben wir eine Herde von etwa 20 Kühen und Kälbern ziehend vor uns und nicht weit davon fünf ruhende Bullen. Auch mit dem Spektiv zu weit, um genau anzusprechen. Wir gehen sie an. Ein mühsames und für mich ungeübten Schreibtischtäter kräfteraubendes Unterfangen. Die Entfernung scheint kaum abzunehmen. Nach etwa einer Stunde haben wir die Herde, die sich inzwischen mit den Bullen vereinigt hat, in Schußposition vor uns. Für mich ist es, wie ja meist bei unbekanntem Wild, schwer zu entscheiden, ob diese Bullen gut oder nicht gut sind. Einer ragt zweifellos heraus, ist aber sehr eng in der Stangenstellung. Es ist der erste Jagdtag. Ich verzichte auf den Schuß, weil auch Bert meint, wir müßten auf stärkere Trophäenträger stoßen.

Nachmittags, nach längerer Zwischenpirsch, entdecken wir noch weiter draußen, Richtung See, wieder eine Herde, bei der nach Berts Meinung ein stärkerer Bulle steht. Wir gehen erneut an. Diesmal ist es noch weiter. Inzwischen hat sich die Herde Richtung Norden in Bewegung gesetzt. Wir müssen uns sehr beeilen. Immer wieder stoßen wir auf mehr oder weniger große Seen oder Tümpel, die es zu umgehen heißt. Wir müssen Bäche durchwaten, uns durch dichtes Buschwerk hindurchkämpfen. Ziemlich erschöpft liegen wir in Schußposition, als die ersten Stücke erscheinen. Schließlich auch der uns interessierende Schaufler. Hoch und weiter in der Auslage als der erste. Auch lange Vorschaufeln auf der einen Seite, auf der anderen aber nur eine einzelne, lange, unvereckte Stange, also eine zwar interessante, aber doch abnorme Trophäe. Ich kämpfe sehr mit mir. Aber da es ja mutmaßlich mein einziges Caribou sein wird, das ich zu erlegen habe, sollte es doch eigentlich stark und auch regelmäßig sein. Ich verzichte zum zweiten Mal auf den Schuß.

Und dann beginnt ein endlos langer Marsch heimwärts. Wir

passieren auf unserem Weg noch einige kleinere Herden, auch einzelne Stücke. Aber reife Bullen sind nicht darunter. Endlich erkennen wir von weitem unser Hüttchen auf der Höhe. Nur der, der solche Geländeunternehmen hinter sich gebracht hat, wird ermessen können, was ein solches Häuschen nach der Rückkehr bedeutet. Das ersehnte gemütliche Heim, das ja alles bietet, was man zur eigentlichen Lebensfreude braucht: Schutz, Essen, Trinken und Schlaf.

Der Wind ist inzwischen fast eingeschlafen, und die Nacht wird ungewohnt still, so still, daß man den anderen im Raum fast körperlich spürt. Er atmet, er dreht sich um, er stöhnt, er röchelt. Zu Hause im ehelichen Schlafzimmer alles selbstverständliche Dinge, die man kaum zur Kenntnis nimmt, ja die man vielleicht sogar braucht. Hier in der Einsamkeit, mit einem Fremden auf engstem Raum, doch etwas ganz anderes.

Es mag nicht

Am zweiten Morgen treibt uns die Kälte aus den Betten. Es hat gefroren. Draußen ein glasklarer, herrlicher Morgen. Kein Lüftchen regt sich. Wieder zieht eine kleine Herde Caribous in Lagernähe vorbei. Darunter auch einige jüngere Bullen.

Heute brechen wir in südlicher Richtung auf, beschreiben einen großen Bogen, um dann wieder nordwärts zu pirschen. Wir sehen einige Herden und eine ganze Reihe einzelner Stücke, aber alles nur Kühe und Kälber und junge Bullen. Den ganzen Tag über nicht einen einzigen jagdbaren Bullen. Bert erklärt mir die Lage. Der Herbst war bisher ungewöhnlich warm. Das hat zu einer erheblichen Verzögerung für die Wanderung der Caribous geführt. Diese verläuft regelmäßig so, daß sich zuerst die Kühe und Kälber, dann die jüngeren Bullen und als letztes erst die älteren Bullen auf den Weg in die winterlichen Einstände machen. Bei einem so warmen Herbst wie in diesem Jahr sind also die jagdbaren Bullen meist noch gar nicht unterwegs. Bei längerer Beobachtung sieht man auch, daß die Herden sich nicht zügig in einer Richtung bewegen, sondern unstet hin und her pendeln.

Wir sind früher als sonst wieder zurück, weil Bert rechtzeitig bis zur Dunkelheit noch Jack Ayers und seinen Guide Val mit dem Flugzeug aus dem Hauptcamp holen will. Die beiden sollen die zweite Hütte beziehen und parallel zu uns auf Caribou jagen. Ich bin nicht so sehr davon begeistert. Zu viert in diesem kleinen Camp! Vor allem aber bringt das natürlich auch mehr Unruhe und gegenseitige Behinderung beim Jagen mit sich. Wir haben ohnehin schon andere Jäger entdeckt. Vier Weidmänner haben in Sichtnähe von uns ein Zeltcamp aufgebaut. Weit draußen sahen wir zwei andere Gestalten pirschen, und dann beobachten wir einen ständigen Flugverkehr mit Zwischenlandungen von Wasserflugzeugen auf den benachbarten Seen.

Bert startet kurz vor 18.00 Uhr. Ich nutze die Gelegenheit, mich im Rahmen des Möglichen mal von oben bis unten abzuwaschen. Aber das ist schon ziemlich hochgestapelt. Mit dem Wasser müssen wir sparen. Denn außer etwas braunem Moorwasser gibt's nichts bei der Hütte. Es muß per Kanister eingeflogen werden. Kaum bin ich mit meiner Katzenwäsche fertig, als ich plötzlich das Geräusch eines landenden Flugzeugs höre: Bert. Er hatte aus der Luft Funkkontakt mit dem Hauptcamp aufgenommen. Jack und Val wollten noch nicht ausfliegen. Also drehte er kurzerhand wieder um. Das kommt meinen Wünschen natürlich sehr entgegen.

Wir erleben einen herrlichen Sonnenuntergang und damit den Abschluß eines Tages, den man eher dem Spätsommer, als dem Herbst zurechnen kann. Einen Nachteil bringt das Wetter mit sich. Trotz des Nachtfrostes erheben sich Wolken von Moskitos aus dem Bodenbewuchs. Wir müssen jedes freie Fleckchen Haut einschmieren, unsere Köpfe in Mückenschleier hüllen und die Hände mit Handschuhen schützen. Trotzdem sehen wir an vielen Körperteilen aus, als hätten wir uns die Masern eingehandelt.

Höchste Zeit

Am dritten Morgen ist es bedeckt, aber trocken. Der Wind hat wieder zugenommen. Diesmal bläst er nicht wie in der Sturmnacht aus Süden, sondern kommt von Norden. Wenn ich den heutigen Tag mitrechne, bleiben mir für die Cariboujagd noch zwei Tage. Dann muß ich weiter ins Bärencamp am Caribou Lake. Das bedeutet, daß ich nicht mehr allzu wählerisch sein darf und die erste einigermaßen akzeptable Gelegenheit nutzen muß.

Wir maschieren wieder los in Richtung Süden und drehen dann nach Osten ab. In noch verhältnismäßiger Nähe vom Camp treffen wir auf eine kleine Herde mit Kühen und Kälbern. Sie verschwindet hinter den Hügeln. Wir bleiben auf Beobachtungsposten in Richtung Osten. Immer wieder gleiten die Gläser über die Weite der Seen und Sümpfe.

Und da endlich bekomme ich eine größere Herde, wohl 40 bis 50 Stück, ins Glas. Ich weise Bert ein. Durchs Spektiv meint er, einen recht guten Bullen in der Herde ausmachen zu können. So weit es auch ist, wir müssen versuchen, ranzukommen.

Wir entdecken zwei Jäger, die versuchen, sich an eine kleine Herde anzupirschen. Unsere Herde können sie Gott sei Dank nicht sehen, weil sie tiefer steht. Zwei andere Jäger sehen wir weiter nördlich. Auch sie stehen tiefer. Wir mogeln uns vorbei.

Die Entfernung scheint zu- und nicht abzunehmen. Die Hindernisse werden immer mehr. Bert versucht, den Weg abzukürzen, indem er einige, kleinere Seen nicht umgeht, sondern mitten durch sie hindurchwatet. Wir haben zwar unsere langen Hüftstiefel an den Gürteln festgebunden, trotzdem bringen wir die Beine aus dem häufig über knöcheltiefen Schlamm nicht mehr allein heraus. Immer wieder müssen wir uns gegenseitig helfen. Ein ungeheuer mühsames Unterfangen, das sehr kräfteraubend ist. Ich bewundere Berts Orientierungssinn. Wäre ich allein in dieser Sumpf- und Wasserwüste, ich wüßte bei dieser Entfernung und dem ständigen Richtungswechsel nicht mehr, wo ich die Herde suchen sollte.

Mein Cariboubulle von der Bristol Bay

Nachdem wir einen dichten Erlenhorst durchkrabbelt haben, gibt mir Bert das Zeichen zum Durchladen. Er geht davon aus, daß die Herde jenseits der vor uns liegenden, kleinen Höhe in einem Kessel stehen muß. Wir lassen Rucksäcke und Jacken zurück und robben vorsichtig auf die Höhe zu. Als wir über die Kimm linsen, zieht die Herde gerade über die gegenüberliegende Höhe und bedeckt schnell den Gegenhang. Ein Durcheinander von Wildkörpern und Stangen, das für mich außerordentlich verwirrend ist. Ziemlich als letztes Stück, der stärkste Bulle, dessen Stangen über einem Busch heranschwanken, bis er selbst voll sichtbar wird. Ein hohes, gut ausgelegtes Geweih, nicht übermäßig vielendig, aber auffallend durch seine fast schwarze Färbung. Bert flüstert mir zu, daß der Hirsch stärker als alle bisher gesehenen sei, d. h. gute Mittelklasse. Er rät dringend zum Schuß.

Nachdem die Herde, die etwa drei Stunden geruht hat, nun in voller Bewegung ist, muß es schnell gehen. Wir liegen flach auf dem Boden. Hohes Gras und Gesträuch behindern die Sicht. Der Rucksack zum Auflegen ist nicht greifbar. Und die Entfernung beläuft sich immerhin auf gut 250 Meter. Ich schaffe mir eine kleine Auflage, indem ich das Fernglas senkrecht vor mir aufstelle. Die Herde ist in voller Bewegung und mit ihr der Bulle. Auf den ziehenden Hirsch werde ich den ersten Schuß los, ohne daß ich ein Zeichnen feststellen kann. Die zweite Kugel erreicht das Stück unmittelbar, bevor es, immer noch ruhig ziehend, über die Höhe verschwindet.

Wir folgen mit schußfertigen Waffen. Als wir die Höhe erreichen, entschwinden die letzten Stücke der Herde über dem Rand der folgenden Hügelkette unseren Blicken. Von dem beschossenen Bullen ist nichts zu sehen. Wir wollen zurückgehen, um am Anschuß nach Schußzeichen zu suchen. Mehr zufällig fällt mein Blick auf einen halblinks unter uns liegenden, kleinen See. Und – ich glaube meinen Augen nicht zu trauen – mitten in dem Tümpel, fast bis an den Rücken im Wasser, steht der Hirsch. Offensichtlich schwer krank. Wir haben uns schnell auf eine Strategie geeinigt. Bert, der natürlich schneller und wendiger ist als ich, rutscht auf allen Vieren den Hang hinunter und versucht so, das Ufer des Sees zu erreichen, damit er das Wild außer Sicht und bei gutem Wind nicht aufmüdet. Ich bleibe auf der Höhe, um für den Fall, daß der Hirsch weiterzieht, die Fluchtstrecke verfolgen zu können. Aber das Stück ist zu krank, um noch weiter zu können. Schon nach kurzer Zeit peitscht der auf den Träger gesetzte Schuß aus Berts Büchse zu mir herauf. Der Hirsch bricht schlagartig im See zusammen. Der Wildkörper treibt auf. In wenigen großen Sprüngen bin nun auch ich am Ufer. Wir ziehen uns unsere Hüftstiefel so hoch wie nur irgendmöglich und schaffen es tatsächlich, trockenen Körpers bis an das verendete Wild heranzukommen. Mühsam ziehen wir den schweren Wildkörper ans Ufer, wo wir zu unserem Erstaunen feststellen, daß der Hirsch trotz zweier, sauberer Blattschüsse noch diese Fluchtstrecke von etwa 300 Metern gemacht und dann noch den Fangschuß auf den Träger gebraucht hat.

Nach der roten Arbeit ist das Wichtigste nun, die Strategie für den Abtransport des Caribou zu überlegen. Trophäe und Wildbret haben wir auf einer schmalen, sandigen Landzunge deponiert, die zwei Seen voneinander trennt. Sie müßte gerade so lang und in der Bodenbeschaffenheit ausreichend fest sein, um einem Landflugzeug Landung und Start zu ermöglichen. Für das Wassern eines mit Schwimmern ausgerüsteten Flugzeuges sind die beiden Seen zu klein.

Die Sonne steht noch so hoch, daß wir es schaffen müßten, so rechtzeitig unsere Hütte zu erreichen, daß ein Flug zurück ins Hauptcamp möglich ist. Dementsprechend kräftig schreiten wir aus. Und das fordert noch einmal den ganzen Mann. Aber wir schaffen es. Gegen 17.00 Uhr erreichen wir unser Ziel. Schnell wird die Hütte leergeräumt. Waffen, Rucksäcke und restlicher Proviant verschwinden in der Maschine, und schon geht es aufwärts in die Wolken. Mit der letzten Dämmerung setzen wir am Ufer des Ugashik auf, wo uns die Lagerbesatzung mit Hallo begrüßt.

Nachbereitung

Nach einigen großen Gläsern Juice und einem Kaffee richte ich mich in aller Ruhe und mit Wohlbehagen in meinem mir jetzt geradezu komfortabel erscheinenden Schlafraum wieder ein. Trotz der wenigen Habe dauert es eine ganze Zeit, bis alle Siebensachen wieder verstaut sind und vor allem die Waffe gereinigt ist. Nach dem Abendessen vollziehen wir im Kintopp wieder nach, was Bert und ich draußen auf der Jagd erlebt haben: das Leben im Außencamp und das Jagen auf Caribou. Ebenso sehen wir Jake, Jack und Val und deren Pirsch auf den Elch. Noch interessanter ist ein bei strömendem Regen unmittelbar vom Lager aus aufgenommener Film, in dem Picky einen Bären beim Lachsfang auf das Zelluloid gebannt hat.

Am folgenden Tag startet Bert mit Jack und Val zum Außenlager und bringt auf dem Rückflug mein Caribou mit. Der Tag dient im wesentlichen der Versorgung des Wildbrets und der Trophäen. Dabei lerne ich wieder etwas dazu. Die Elchschaufeln haben wir so abgeschlagen, wie ich sie zu Hause aufsetzen will, nämlich mit kurzem Schädel. Zum Abkochen dient ein kleiner, bestenfalls 50 Zentimeter hoher, Ölkanister, in dessen zwei Ecken mit der Blechschere Aussparungen geschnitten sind, in die die Tragstangen der Schaufeln passen. Der Kanister wird nur halb mit Wasser gefüllt. Der obere Teil des Schädels, der noch in der Decke ist, wird mit wassergetränkten Tüchern umwickelt. Das alles wird mit einer Alufolie abgedeckt. Nach dreistündigem Kochen fallen Decke und Wildbret fast von selbst vom Schädel ab, der so gut wie weiß ist, weil kaum Fett eingekocht ist. Genauso läuft es mit dem Caribou.

Der letzte Tag ist dann ganz der Vorbereitung für den Rückflug und dem Abschied gewidmet.

Die Trophäen werden reisefertig gemacht. Das bedeutet, daß die Schädel zum Schutz gegen Beschädigungen auf Bretter verschnürt und mit Sackleinen umwickelt werden. Auf die Spitzen der Enden werden kleine Schlauchstücke geschoben. Eine Vorsichtsmaßnahme, die von den Fluggesellschaften verlangt wird. Die Geweihe sehen aus wie Damenköpfe mit Lockenwicklern.

Der Abend führt uns alle in gemütlicher Runde zusammen. Nachdem schon am Vorabend Bert zur Laute gegriffen und gemeinsam mit Chris gesungen hatte, betätigt sich heute ein ganzes Familienorchester. Jake spielt die Laute und dazu Mundharmonika. Bert macht in Eigenbau. Er steht auf einem umgedrehten Waschzuber, an dessen Seite eine lange, zugespitzte Latte angebracht ist. An deren Spitze ist ein Band eingeknotet, das durch den Boden der Wanne geführt und unter diesem befestigt ist. Wenn man an der so gespannten Sehne zupft, entsteht ein tiefer Baßton. Mid schlägt mit zwei Teelöffeln auf den Boden eines Plastiktellers. Und das alles ergibt weder Mißtöne, noch sieht es nach Zirkus aus. Insgesamt entsteht ein wohl abgestimmter Klangkörper. Soweit ich sprachlich mitkomme, werden vorwiegend Volkslieder gesungen, davon viele aus der Pionierzeit. Jakes hoher, etwas kehliger Bariton übertönt die Stimmen aller Mitsingenden.

Wiedersehen?

Am 24. September um 8.30 Uhr brechen wir auf. Jake bringt uns per Außenborder zu einem neuen Startplatz. Bert hatte die Maschine zuvor hierher geflogen, weil schlechte Windverhältnisse den Start der vollbeladenen Maschine am alten Platz nicht zuließen. Wir fliegen eine niedrige Schleife über dem Camp. Die Zurückgebliebenen winken uns einen Abschiedsgruß zu. Kurz hinter dem Camp sehen wir unter uns noch einmal einen sehr guten Schaufler. Und damit bewegen sich die Gedanken zwischen Vergangenheit und Zukunft, zwischen Erinnerung und Planung. Werde ich dieses herrliche Fleckchen Erde noch einmal wiedersehen? Werde ich noch einmal jagen mit den Menschen, mit denen mich so viel gemeinsames Erleben verbindet? Braunbär, Elch und Caribou habe ich hier am Ugashik strecken dürfen. Was sollte mich wieder hierherziehen. Noch einmal ein stärkeres Caribou?! Oder eine Winterjagd auf Wölfe?! Es gibt so viel noch nicht Gesehenes, nicht Erlebtes, nicht Gejagtes auf der Welt und auch hier auf diesem Erdteil und in anderen Gebieten Alaskas. Die Zukunft wird es weisen.

Als wir in Pilot Point landen, sind weder Flugzeug noch Pilot zu entdecken. Bert gelingt es nach vielen Versuchen, mit einem Feldtelephon den Piloten der Peninsula Airways zu erreichen, der dort zugleich die Poststation und den einzigen Shop betreibt. Ich kenne ihn schon vom vorigen Jahr. Wir verladen die Trophäen.

Ein letztes, herzliches Händeschütteln. Ich ahne noch nicht, daß es wirklich der letzte Händedruck war. Im Herbst 1986 verstarb Bert McLay, 38jährig, zu Hause an den Folgen eines Herzinfarktes.

Nach der Zwischenlandung in Egegik erreichen wir um 11.00 Uhr wieder King Salmon. Ich zahle mein Ticket: 80 Dollar, wie auf dem Herflug und wie im vergangenen Jahr. Ein Kleinbus bringt meine ganze Bagage zum Schalter der Mark Air. Ich bin erster Passagier, da die Maschine nach Anchorage erst um 12.55 Uhr geht. In aller Ruhe kann ich einchecken. Für die Trophäen muß ich 20 Dollar extra zahlen. Nette Bedienung am Schalter. Eine der jungen Damen hat eine Schwester in Nürnberg. Immer wieder diese Verbindungen nach Europa und insbesondere in die deutsche Heimat. Allmählich füllt sich der Warteraum, natürlich vornehmlich mit Jägern und Fischern. Einige gute Caribous und ein starker Elch werden eingeliefert. Der Start ist pünktlich. Unterwegs verschlechtert sich das Wetter, und als wir nach einer Stunde in Anchorage landen, regnet es in Strömen.

In der Halle erwartet mich, zuverlässig wie immer, Frau Trautmann. Sie hat schon die Unterbringung der Trophäen bei der Gepäckaufbewahrung vorbereitet und einen günstigen Preis ausgehandelt. 36 Dollar muß ich berappen. Dann verabschiedet sie sich bis zu meiner Rückkehr von Homer. Ich schreibe Karten und Briefe nach Hause. Ob sie noch vor mir ankommen?

Wieder in Homer

Und um 17.30 Uhr startet dann die ERA nach Homer zur zweiten Jagdetappe dieses Jahres am Caribou Lake auf Schwarzbär. Ein kleines Maschinchen für etwa 15 Passagiere und proppenvoll. Als wir in Homer landen, regnet es zwar nicht, aber dafür weht eine steife Brise.

Eine nette, junge Frau kommt mir entgegen: Mrs. Willard. Sie bringt mich in ihrem Wagen zum Landesteg der Kachemak Airlines. Dort verladen wir mein Gepäck und reichliche Mengen Proviant. Und gegen 18.00 Uhr startet ein junger Pilot mit mir Richtung Caribou Lake, wo wir nach einer halben Stunde landen.

Ich werde empfangen von Bruce Willard, einem stämmigen Fünfziger, seiner entzückenden, ältesten Tochter mit ihrem zweieinhalbjährigen Mädchen und Tom, einem Mitarbeiter des Hauses.

Die Lodge, die schon seit Jahrzehnten im Besitz der Familie steht, zusammen mit etwa 600 Acres Land bzw. Wald ist weiträumig am See angelegt. Das Haupthaus mit einem sehr schönen, hallenartigen Eß- und Aufenthaltsraum. Ein größeres Haus mit Unterkünften für vier Gäste und zwei kleinere mit Unterkünften für je zwei Gäste. Eines davon, bezaubernd direkt über dem See gelegen, beziehe ich.

Das Häuschen ist im Blockhausstil, d. h. aus runden, behauenen Stämmen zusammengefügt und besteht aus einem einzigen, aber urgemütlichen Raum. Darin ein doppelstöckiges Bett. Vor dem Fenster mit Blick über den See eine Tischplatte, Stuhl und Sessel und der übliche Yukon-Ofen, ohne den sich Leben und Gemütlichkeit hier gar nicht vorstellen lassen. Das Haus ist in den Hang über dem See eingesetzt, d. h. daß es vorne auf Pfählen steht. Vor dem Fenster ist Raum für eine kleine Terrasse gelassen, von der sich ein herrlicher Blick weit über den See hinaus ergibt. Bei schönem Wetter kann man sich hier draußen in der Sonne aalen, lesen, dösen und träumen. Vor der Tür steht eine große Wassertonne mit Schöpfkelle zur Bedienung. In gebührender Entfernung vom Haus das Trockenklo zur alleinigen Verfügung.

Nachdem ich meine Siebensachen verstaut habe, wird zum Abendessen gebeten. Wenn ich meine bisherigen Unterkünfte vergleiche, ist das hier zweifellos die Höhe des Komforts. Der Aufenthalts- und Eßraum im Haupthaus strahlt gediegene Gemütlichkeit aus. Polstermöbel, in denen man bequem am offenen Kaminfeuer sitzt. Fenster und Terrasse mit Blick auf den See. Eine barähnliche Eßtheke, an der gefrühstückt wird, die aber ebenso auch zum Gespräch einlädt. Hier gibt es auch keine Alkoholsperre, so daß ich mir nach langer Zeit zum ersten Mal wieder ein Bier leiste. Und dann findet natürlich das erste Beschnuppern zwischen Bruce und mir statt. Wir wollen am nächsten Morgen, wie ich diesem Informationsgespräch entnehme, zum Außencamp starten, von dem aus dann auf Schwarzbär gejagt wird. Zu diesem Zweck geht es mit dem Boot über den See. Auf der anderen Seite warten die Pferde auf uns, die uns dann auf einem längeren Ritt ins Jagdgebiet bringen werden.

Ziemlich erschöpft nach dem langen Tag und der vielen Fliegerei liege ich um 22.00 Uhr in meinem Bett. Die Nacht wird etwas ungemütlich. Leichtsinnigerweise habe ich darauf verzichtet, den Ofen anzustecken, so daß ich bei Außentemperaturen von sicher unter – 5° C nachts schlotternd aufwache und mir erst einmal meine Steppweste überziehe.

Der Morgen findet uns bei einem überreichlichen Frühstück wieder im Haupthaus beisammen. Dann wird gepackt, und schließlich kommt der unverzichtbare Probeschuß. Bruce und Tom holen mit einem Boot von einer traumhaft im See gelegenen Insel, auf der ganz für sich die Mutter von Bruce lebt, unsere drei Pferde. Bruce und ich starten dann am späten Vormittag per Außenborder zum Sattelplatz, an dem wir unsere beiden Reitpferde für uns fertig machen und das Packpferd beladen.

Zu Pferde auf Schwarzbären

Und dann bin ich wieder allein mit einem Guide in alaskanischer Wildnis. Das Wetter ist herrlich, der Himmel makellos, aber die Temperatur doch recht frisch. Im Uferbereich des Sees geht es weitgehend durch sumpfiges Gelände. Immer wieder müssen wir verhalten und den Untergrund prüfen, damit uns die Pferde nicht wegsacken. Allmählich steigt das Gelände an. Wir durchreiten lichte Wälder. Die Höhen der Hügelketten sind mit dichtem Beerenwuchs bedeckt. Allmählich lockert sich der Waldbestand auf und geht über in weite Hügelflächen mit guter Fernsicht. In den Senken immer wieder große, mannshohe Erlenpartien, durch die sich die Pferde mühsam ihren Weg suchen.

Die Reiterei ist nach sechs Jahren doch wieder ein verdammt ungewohntes Geschäft. Der Gaul ist viel zu breit. Meist will er nicht so wie ich. Meine eigene Rückseite ist zart wie Papier. Und der Rücken empfindet das ständige Rauf und Runter auch nicht gerade als freundliche Behandlung.

Auf den Anhöhen verhalten wir die Pferde, steigen gelegentlich auch ab und suchen die nähere und weitere Umgebung mit unseren Gläsern ab. Einmal haben wir auf etwa 200 Meter einen Elchbullen mit drei Kühen vor uns. Das Wild läßt sich kaum stören.

Schließlich verkündet Bruce, daß er Schwarzbären entdeckt hat und zwar gleich vier an der Zahl. Winzige, schwarze Pünktchen, kaum stecknadelkopfgroß, im roten Beerenkraut, in ziemlicher Höhe und Entfernung. Es braucht seine Zeit, bis auch ich das Wild ausgemacht habe.

Fünfhundertmeterweise reiten wir an. Immer wieder ein Halt und lange Beobachtung. Noch lassen sich die Bären nach Stärke kaum unterscheiden. Sie ziehen äsend auf dem Hang hin und her, her und hin, ohne daß sie den Standort wesentlich verändern. Von weitem sieht das Gelände ganz anders aus als von nahem. Ich kann mir zunächst gar nicht vorstellen, daß sich zu Pferde einigermaßen an die Bären herankommen läßt, obwohl mir bewußt ist, daß sie schlecht äugen. Tatsächlich aber wird das Gelände von so vielen Furchen, Rinnen und Tälern durchzogen, ist so viel mannshoher Busch vorhanden, daß man eigentlich immer Deckung findet, wenn man auch ständig in Bögen reiten muß.

Ein uralter Schwarzer

Gegen 17.00 Uhr halten wir mit den Pferden in einer etwas tieferen Rinne, an deren Rand der Berghang dann verhältnismäßig steil ansteigt. Von unserem Standort aus können wir die Bären nicht ausmachen. Wir müssen den Rand der Rinne erreichen. Dort müßten wir dann am unteren Berghang zwei Bären auf etwa 100 Schritt vor uns haben, während die anderen beiden weiter oben in einer Entfernung von etwa 300 bis 400 Metern äsen müßten. Wir wollen versuchen, vom Rand der Rinne aus noch einmal genau anzusprechen, um dann gegebenenfalls in einem ausholenden Bogen an den Bären heranzukommen, den es noch auszuwählen gilt.

Die Pferde werden angekoppelt. Wir kriechen, vorsichtig jedes Geräusch vermeidend, den fast senkrechten Hang bergauf. Der Bewuchs ist feucht und rutschig. Mit der einen Hand kralle ich mich in den niedrigen Beerensträuchern fest, die andere umspannt die durchgeladene Waffe, die ich griffbereit haben muß.

Als wir Zentimeter für Zentimeter den Kopf über den Rand schieben, hat sich die Lage im Einstand der Bären wesentlich verändert. Einer von den unteren beiden Blackies ist in den wenigen Minuten ein großes Stück weiter abwärts gewechselt und steht auf etwa 20 Meter unmittelbar vor mir. Bruce gibt mir durch Mimik und Zeichen zu verstehen, daß ich unverzüglich schießen soll. An eine Unterhaltung ist bei dieser Nähe nicht mehr zu denken. Da ich mit einem so nahen Kontakt nicht gerechnet habe, ist das Zielfernrohr noch auf der Waffe und das mit voller Vergrößerung. Bewußt ist mir das in diesem Moment natürlich nicht. Der Bär, der inzwischen um weitere zwei, drei Meter auf uns zugewechselt ist, nimmt sich immerhin schon aus unserer Froschperspektive recht stattlich aus. Durch die Vergrößerung des Zielfernrohrs aber, das er mehr als voll ausfüllt, wirkt er wie ein hochkapitaler Grizzly.

Die Schußposition als solche ist natürlich denkbar schlecht. Halb stehe, halb liege ich am Hang. Beim aufgelegten Schießen stören Gräser und Beerenkraut. Um aufrecht, freihändig einen Schuß loswerden zu können, muß ich noch ein, zwei Schritte aufwärts tun. Den Entschluß fassen und ausführen ist eins. Blitzschnell richte ich mich auf, tue zwei kurze Schritte, spüre wie Bruce mich mit den Händen von unten abstützt. Der Bär wirft auf, setzt zur Flucht an, und im selben Moment ist die Kugel auf nun etwa 12 bis 15 Meter raus. Sie erreicht den Bären schon in der Flucht, die er spitz auf mich zu tut. Fast im Repetieren folgt die zweite Kugel, und zu meinen Füßen rutscht der schwarze Geselle in einer letzten Todesflucht in sich zusammen.

Das Herz schlägt mir hoch oben im Halse, und es braucht einige Zeit, bis es wieder dorthin gesunken ist, wohin es gehört. Vorsichtig treten wir an den Bären heran. Beide Kugeln sitzen unmittelbar nebeneinander auf dem Blatt. Vor uns liegt eine alte, nicht führende Bärin von etwa 16 bis 18 Jahren, wie wir später am Schädel feststellen können. Eine tiefschwarze, herrlich glänzende Decke mit der für den Schwarzbären typischen, braunen Schabracke am Kopf.

Wir ziehen unsere Beute ein wenig quer zum Hang in ein großes, dichtes Feld purpurroter Beerensträucher. Ein herrliches Bild; der schwarze Bär in blutroter Äsung, vor blaßblauem Himmel. Und – man sollte es nicht glauben – etwa 400 Schritt im Hintergrund zwei Schwarzbären in der Äsung, die sich trotz der beiden Schüsse überhaupt nicht um uns kümmern.

Während wir uns daranmachen, dem Bären die Jacke auszuziehen, halten wir die Waffen griffbereit. Man kann nie wissen. Einen Bären aus der Decke zu schlagen, ist eine subtile Arbeit, die Einfühlungsvermögen und Zeit bedarf. Der Tag neigt sich seinem Ende zu. Wolken ziehen auf. Es wird windig und kalt. Als wir die Bärendecke verstaut und die freiweidenden Pferde wieder eingefangen haben, ist es fast dunkel. Der Wind ist böig geworden. Leichter Nieselregen treibt uns ins Gesicht. Und noch haben wir gut zwei Stunden Ritt vor uns, um das Außencamp zu erreichen.

Bruce reitet mit dem Packpferd vorweg. Ich folge eng auf, stets etwas in Sorge, bei der nun völligen Dunkelheit den Anschluß zu halten. Wir reiten bergauf, immer an den Hängen entlang. Für die Pferde meist eine recht rutschige Partie. Die letzte halbe Stunde sitzen wir ab, weil uns nach dem langen Tagesritt nun doch die Glieder anfangen zu schmerzen. Inzwischen hat sich der Nieselregen in leichten Schneefall verwandelt.

Bei Sturm und Schnee im Außencamp

Gegen 23.00 Uhr erreichen wir das Außenlager; eine geräumige, in einer Baumgruppe gelegene Hütte, die hier, wie ich von Bruce erfahre, schon vor annähernd 40 Jahren von seinem Vater errichtet wurde. Die Hütte ist in ihren wesentlichen Teilen aus Wrackresten einer in der Nähe abgestürzten Verkehrsmaschine erstellt, die damals mit Mann und Maus verlorenging. Ein einzelner, großer Raum. Darin fünf Feldbetten, Ofen, Borde, Bretter und alles an notwendigen Utensilien, was sich so im Laufe der Zeit angehäuft hat. Nach einer ersten Inspektion entdecken wir, daß sich einige Squirrel in der Hütte eingenistet haben, mit dem Ergebnis, daß Matratzen und Schlafsäcke und überhaupt alles, was nicht gerade aus Metall, Kunststoff oder Holz besteht, von den kleinen Nagern angefressen ist.

Wir satteln die Pferde ab und führen sie in eine direkt neben der Hütte angelegte, kleine Koppel. Bruce holt von einem in der Nähe gluckernden Bach Wasser zum Kochen und Waschen. Im Nu bullert der Herd, und wir können unser mitgebrachtes Abendmenü warm machen. Nach den Anstrengungen des Tages ist der Appetit nur mäßig. Deshalb kriechen wir nach einer kurzen Mahlzeit und einer wärmenden Tasse heißen Tees schon bald in unsere Schlafsäcke.

Der Tag war anstrengend, aber herrlich schön. Ich habe alles erreicht, was ich wollte. Nach dem Elch und dem Caribou, nun hier in den Bergen am Caribou Lake auch ein guter Schwarzbär. Bis zur Heimkehr habe ich reichlich Zeit. Ich kann den Ausklang in vollen Zügen genießen. Und das ist ein herrliches Gefühl. So dämmere ich in die Nacht hinein. Der Wind draußen nimmt zu und rüttelt an unserer Hütte. Der Schnee knistert auf dem Dach. Was schadet's. Mag das Wetter mit uns anstellen, heute Nacht oder morgen, was es will.

Am Morgen hat zwar der Regen aufgehört, und der Himmel ist aufgeklart, aber der Wind, der sich nun zum Sturm gesteigert hat, braust über die Berge. Ungeachtet dessen brechen wir noch vor dem Frühstück zu einem zeitlich begrenzten Erkundungsritt ums Lager auf. Wir wollen vor allem beobachten und vielleicht fotografieren. Sollte uns der Zufall den Anblick von Wolf oder Volverine bescheren – für diesen Fall habe ich vorsorglich auch noch eine Lizenz in der Tasche.

Der Wind hat derartig zugenommen, daß wir uns tief über die Hälse unserer Pferde beugen. In einer nach einer Seite geöffneten Baumgruppe finden wir schließlich ein einigermaßen windgeschütztes Plätzchen, von wo aus wir weit vor uns eine große Waldlichtung beobachten können, auf der wir schon mit bloßem

Start zur Wildwasserfahrt auf dem Tana-River.

Mit der „Piper“ im Berg in der McColl-Ridge.

Außencamp auf der Schafjagd.

Mein Dallwidder mit Paul und Rob.

Auge Elchwild ausmachen. Drei Schaufler, darunter zwei gute, und fünf Kühe buchstabieren wir nach längerer Beobachtung aus der Landschaft heraus. Für die Kamera ist es zu weit, und ein Anpirschen würde die Umgehung eines großen Sumpfgebietes erforderlich machen. Wir reiten deshalb noch einige weitere Lichtungen ab; schauen hier, schauen dort. Aber es läßt sich kein Wild mehr sehen. Sicher liegt das auch an dem sich nun zusehends wieder verschlechternden Wetter. Dunkle Regenwolken ziehen auf, und die ersten, dicken Tropfen treffen die Erde als wir unsere Hütte wieder erreichen. Es ist später Vormittag, und mit einem Bärenhunger machen wir uns über unser Frühstück her. Draußen mischt sich das Rauschen des Regens in das Brausen des Sturms. So ein richtiger Hüttentag zum Ausruhen. D. h. ein reines Ausruhen wird es insbesondere für Bruce nicht. Er nutzt die Zeit, um die Decke des Bären zu säubern. Und dafür benötigt er viele Stunden. Insbesondere das Bearbeiten der Kopfhaut und der Pranken ist zeitaufwendig und schwierig. Im übrigen liegen wir auf unseren Betten, lesen, schlafen, kochen uns zwischendurch einen Tee und dichten unsere Behausung ab, in die es immer wieder an verschiedenen Stellen hereinregnet. Und so geht der Tag dahin, ohne daß es langweilig wird.

Aber die Hoffnung auf den nächsten Tag wird nicht belohnt. Es regnet und stürmt und stürmt. Mal werden die Regenschauer von Schnee unterbrochen. Der Boden weicht immer mehr auf. In den Talsenken steht das Wasser. Wir entschließen uns, noch einen Tag im Lager dranzugeben in der Annahme, daß es so mit dem Wetter ja nicht ewig weitergehen kann.

Aber gefehlt. Auch am nächsten Morgen das gleiche Bild. Regen, Sturm, tiefliegende Wolkenfetzen und Nebel. Nun hat es keinen Sinn mehr zu warten. Bruce muß bis zum Abend zurück sein, weil neue Jagdgäste erwartet werden.

Allwetterritt

Wir ziehen uns so warm an, daß uns gerade noch die Beweglichkeit fürs Pferd erhalten bleibt. Darüber von Kopf bis Fuß in

Gummi. Ich kann nur jedem Alaska-Jäger empfehlen, sich für jede Jahreszeit mit absolut regendichter Kleidung einzudecken. Gummijacke mit Kapuze, lange Latzhose aus gleichem Material, Gummistiefel und regendichte Handschuhe. Ich habe mich bei der Auswahl von Jacke und Hose für die Kunstfaser Avilastic entschieden, die nach außen absolut wasserdicht und nach innen ausreichend atmungsaktiv ist, so daß man bei anstrengender Bewegung nicht im eigenen Dampfbad steht.

Der Ritt heimwärts von über sieben Stunden wird doch recht problematisch. Der Boden ist so aufgeweicht, daß wir immer wieder große Umwege reiten müssen, wobei wir die Flanken der Berge ausnutzend nur ganz allmählich an Höhe verlieren. Sobald der Wind von vorne steht, und das tut er meistens, versuchen die Pferde auszubrechen, weil ihnen der Sturm den Regen in die Augen peitscht. Gelegentlich ist es nicht zu vermeiden, eine Mulde zu durchreiten. Dann versacken uns die Pferde fast bis zum Bauch im Morast. Wir müssen absitzen und die Tiere mit Ziehen und Zerren, gutem Zureden und Anfeuern aus dem Modder wieder herausholen. Der breite Erlengürtel am See ist kaum zu durchdringen. Halb reiten, halb schwimmen wir. Und als wir nach endlos erscheinenden Stunden das Ufer erreichen, reißt der Himmel auf, und der Regen versiegt als wäre nichts gewesen. Justament in diesem Augenblick landet ein Wasserflugzeug auf dem See und tuckert zum Steg drüben an der Lodge. Meine Ablösung ist gekommen.

Wir nehmen den Pferden Sattel und Zaumzeug ab, verstauen unsere Sachen in dem im Schilf liegenden Boot und sind nach kurzer, unproblematischer Seefahrt wieder am Ausgangspunkt unserer Jagdunternehmung.

Liebe Landsleute

Als ich mich nach gründlicher Reinigung zum Abendessen begebe, treffe ich auf eine höchst unerfreuliche Situation. An der Bar lümmelt sich ein vier Mann starkes deutsches Ärzteteam aus Berlin in teilweise volltrunkenem Zustand. Wie ich erfahre, stehen die vier am Beginn einer Weltreise, die ihnen irgendein

Ärztekongreß auf internationaler Ebene ermöglicht. Zwei von ihnen sind Jäger oder geben es jedenfalls vor und wollen die Gelegenheit zu kurzen Jagdeinschüben nutzen. Betrunken, großsprecherisch und, ich muß es einmal so sagen, vollgefressen, nehmen sie akustisch und vom körperlichen Volumen her den Raum für sich ein. Genau die Art von Deutschen, wie wir sie im Ausland so gar nicht gebrauchen können. Die Zurückhaltung der Familie Willard läßt keinen Zweifel an der Beurteilung. Angebote zum gemeinsamen Umtrunk und zum Kartenspiel überhöre ich und ziehe mich nach dem Abendessen schnellstmöglich in mein gemütliches Hüttchen zurück.

Am kommenden Morgen beobachte ich mit gemischten Gefühlen aus der Entfernung den Aufbruch der beiden Quasi-Weidmänner. Eine ganze Serie von Probeschüssen ist nötig, um Bruce zufriedenzustellen. Dann geht es mit tiefliegendem Außenborder ab über den See.

Für mich wird der Tag – es ist der letzte in der Lodge – ein reiner Ruhetag. Ich bereite mein Gepäck für den Rückflug vor, kümmere mich um Bärenschädel und -decke. Das Wetter ist herrlich und ermöglicht es mir, ein wenig am Seeufer entlangzubummeln. Die Preiselbeeren leuchten rot durch das Kraut. Ich nasche hier und nasche dort – wie ein bummelnder Bär.

Die Rückkehr des Jagdteams am Abend gestaltet sich so, wie ich es mir in etwa vorgestellt habe. Einer der beiden, groß und korpulent, aber mehr korpulent, kann sich nach Ritt und Pirsch kaum noch bewegen. Der andere hat auf einen Bären vorbeigepfeffert. Ob die sich am nächsten Morgen überhaupt noch einmal raustrauen, erscheint mir ungewiß.

Am kommenden Morgen gegen 11.00 Uhr wassert die Maschine aus Homer, die mich nach einem herzlichen Abschied von der Familie Willard in einem störungsfreien Flug wieder in die Zivilisation zurückbringt. Mit von der Partie sind zu meinem Leidwesen die beiden deutschen Gäste, die nicht mitjagen. Sie wollen diese Gelegenheit wahrnehmen, um etwas von Homer kennenzulernen.

Mrs. Willard nimmt sich in rührender Weise unserer an und gondelt kreuz und quer mit uns durch Homer und nähere Umgebung. Bei Fish and Game lege ich trotz Sonntag meinen

Bären vor, um die Exportlizenz zu bekommen. Wieder eine interessiert freundschaftliche Behandlung, die wirklich einmalig ist.

Rückflug nach Anchorage und Ausklingenlassen in der Stadt sind Wiederholungen. Wiederholung ist auch das gedankliche Sichlösen. Als ich kam, dachte ich, dies müsse nun das letzte Mal Alaska sein. Auf Braunbär, Grizzly und Elch hatte ich gejagt. Schwarzbär und Caribou sind inzwischen dazugekommen. Was also könnte die jagdliche Begründung, fast könnte man sagen, die Ausrede für die Notwendigkeit einer Wiederkehr sein? Noch einmal der Versuch auf den weißen Widder? Vielleicht gar verbunden mit Billy, der weißen Bergziege. Kann ich mir das mit meinen nun gut 60 Jahren noch zutrauen?! Im Grunde genommen waren das keine echten Fragestellungen mehr. Der Entschluß wiederzukommen stand fest. Und wo ein Wille ist, ist auch ein Weg, um Probleme zu lösen.

Die weißen Berggeister der McColl Ridge

Dallwidder und Schneeziege – die beiden ließen mir keine Ruhe mehr. Ein Problem ist es, ein Revier zu finden, in dem beide Wildarten vorkommen. Das Dallschaf lebt im wesentlichen in allen Hochgebirgsregionen, die Ziege nur im küstennahen Bereich. Ein solches Revier ist schwer zu finden. Die andere Alternative wäre also Revierwechsel. Frau Trautmann konnte mir ein Revier in den Wrangell Montains, also nordöstlich von Anchorage, namhaft machen, in welchem gute Bestände beider Wildarten vorkommen sollten. Dazu lieferte sie die Adresse zweier deutscher Jäger, die 1986 dort mit Erfolg gejagt hatten. Darunter, und das war mir besonders wichtig, einer der gleichaltrig mit mir war. Hier habe ich den Faden weitergeknüpft und das Gespräch gesucht. Ich konnte meinen Informanten besuchen, hinreißende Bilder von seinem Jagdaufenthalt sehen, viele für mich wichtige Einzelheiten erfragen und vor allem auch die Trophäen bewundern. Das alles machte mir Mut. Ich stieß dann noch auf einen Artikel in einem amerikanischen Jagdmagazin, in dem eine Bogenjagd auf Dallwidder in dem fraglichen Revier beschrieben wurde. Und damit war der Entschluß gefaßt. Ich buchte einen zehntägigen Aufenthalt im Camp McColl Ridge auf Schaf und Ziege für August/September 1987.

Neue Ausrüstung

In Vorbereitung darauf galt es nun, im Vergleich zu früheren Unternehmen in vielerlei Hinsicht umzudenken. Ich hatte eine reine Hochgebirgsjagd vor mir. Das verlangte ein gewisses Fitnesstraining zumindest in den letzten Wochen vorher. Zum anderen brauchte ich eine Ausrüstung, die darauf abgestellt war. Das galt in erster Linie für die Waffe. Meine Sauer 80 mit der

300 Weatherby magnum, die ich auf allen Auslands- und Großwildjagden geführt hatte, ist zwar ein ideales Kaliber. Das Gewehr als solches, montiert mit dem variablen Zeiss Zielfernrohr, ist aber für den Berg in seinem Gewicht und seiner Länge sehr unhandlich. Wieder einmal entschloß ich mich nicht ungern für eine neue Waffe. Die Repetierbüchse von Blaser im gleichen Kaliber mit dem variablen Zielfernrohr von Swarowski war die ideale Kombination. Dazu der in die Laufmündung eingeschnittene Rückschlagdämpfer. Ich schoß diese Waffe mit der relativ leichten Kugel mit 150 grain auf 300 Meter Fleck ein. Und dieses Gewehr hat sich, wie sich dann zeigen sollte, in jeder Hinsicht bewährt: Leicht, führig, zuverlässig, mit einwandfreier Schußleistung. Als Glas entschied ich mich wieder für das bewährte Zeiss 10 × 40. Unverzichtbar natürlich der zerlegbare Bergstock. Da ich mich auf kleine Ein-Mann-Zelte im Außencamp einstellen mußte, entschied ich mich für meinen eigenen Schlafsack nebst zusammenrollbarer, aufblasbarer Gummimatratze. Beides kam mir sehr zu statten. Neben meiner Leica-Ausrüstung nahm ich mir eine kleine Olympia-Taschenkamera mit, um mich am Berg so wenig wie möglich zu belasten. Und kleidungsmäßig hieß es, sich auf jedes Wetter einzustellen. August/September kann noch hochsommerliche Temperaturen bis hin zu ersten Nachtfrösten bringen. So ausgestattet landete ich am 25. August 1987 nach einem Flug, der mir zum ersten Mal einen freien Blick auf den in strahlendem Mittagssonnenschein aufragenden Mount McKinley bescherte, in Anchorage. Kaum am Gepäckband angekommen, kommt mir, nun schon mit Namensnennung, die ewig gleiche, freundliche und hilfsbereite Lufthansa-Angestellte entgegen: „Frau Trautmann erwartet Sie draußen." Also wieder einmal zu Hause – in Alaska.

Fliegender Start

Aber nicht nur Frau Trautmann wartet in der Halle, sondern auch John Claus sen. mit zwei deutschen Jägern, Gernot aus Heidelberg und Erich aus Bayreuth. Wie das unter Auslandsjägern so ist, man nimmt den eigentlichen Namen kaum zur

Kenntnis und duzt sich im Hinblick auf die bevorstehende Lagergemeinschaft von vornherein. Erich hat seine kleine elfjährige Tochter Myriam mit, und John Claus wird von seiner sehr charmanten Frau Ellinore begleitet.

Die ganze Gesellschaft macht einen etwas aufgeregten Eindruck. Ich werde gefragt, ob ich bereit bin, sofort ins Camp einzufliegen und auf die an sich geplante Übergangszeit im „Captain Cook" zu verzichten. Der Grund besteht darin, daß irgendein suspekter Guide, dem es gelungen ist, sich einem Verfahren von Fish and Game zu entziehen, Versuche unternimmt, sich in dem Jagdgebiet von John Claus einzunisten. Dem soll zuvorgekommen werden, indem man schnellstmöglich das Hauptcamp und die Außenmlager belegt. Außerdem stünden viele Schafe, darunter gute Widder, im Jagdgebiet. Wenn ich auch etwas angeschlagen bin nach dem langen Flug und mich auf ruhige 1½ Tage im Hotel gefreut hatte, stimme ich ohne Zögern zu, denn letztlich geht es ja um den jagdlichen Erfolg, der unter keinen Umständen in Frage gestellt sein soll.

Gleich an Ort und Stelle in der Flughafenhalle rüste ich um. Der Inhalt des Kabinenkoffers wird in den Pirschrucksack gepackt. Alles andere ist ohnehin unverzichtbar und transportierfähig in Richtung Lager. Ellinore Claus übernimmt gemeinsam mit Erich den wesentlichen Teil des Gepäcks und macht sich mit dem Wagen auf den Weg nach Chitina. Frau Trautmann bringt Gernot und mich zu einem kleinen privaten Flugfeld am nordöstlichen Stadtrand, von dem aus wir dann mit dem Flugzeug starten sollen. John wartet am International Airport noch auf einen weiteren deutschen Jagdgast, mit dem er nachkommen wird. Wir brauchen dann auch nicht lange zu warten bis John mit Sepp erscheint, einem echten Bayern mit Lodenhut und Gamsbart, der keinen Brocken Englisch und auch nur ein sehr gebrochenes Hochdeutsch spricht.

Das Wetter ist hochsommerlich; strahlender Sonnenschein, kaum Wind und so warm, wie wir es zu Hause während des ganzen Sommers kaum gehabt haben. Anchorage selbst macht bei diesem Wetter einen ebenso freundlichen wie farbigen und sauberen Eindruck; ganz anders, als ich es von meinen früheren Aufenthalten in Erinnerung habe.

Über die Chugach Mountains nach Chitina

Um 15.30 Uhr starten wir in Viererbesetzung, d. h. neben mir John, Erich und Sepp, mit einer kleinen Cessna Richtung Nordosten. Der Flug ist einmalig. Ich ärgere mich sehr, daß ich meine Kamera im Gepäck gelassen habe und so nicht in der Lage bin, das Szenario unter mir im Bilde festzuhalten. 2½ Stunden fliegen wir über oder besser gesagt durch die Gipfel der Chugach Mountains und über die ausgedehnten Eisfelder des Columbia-Gletschers. Alles überragt von den Spitzen der Drei- bis Viertausender: Mt. Gannett, Mt. Good, Mt. Marcus Baker und Mt. Witherspoon. Schwarzer Fels und ewiger Schnee, blau-silbern glitzernde Gletscher. Darüber ein tiefblauer Himmel. Ruhig schnurrend zieht der Vogel seine Bahn durch diese Märchenwelt. Wie ich von John erfahre, besteht aus Wettergründen nur selten die Möglichkeit, diesen Weg auf dem Fluge nach Chitina zu wählen. Normalerweise muß man die Berge, d. h. die Alaska Range, umgehen und dem Verlauf der Täler folgen.

Wie schon in so vielen Fällen, entspricht auch dieses Chitina bei weitem nicht meinem Erwartungsgrad. Wir landen auf einer schmalen Schotterpiste am Cupper River. Einige Autos und eine andere Sportmaschine stehen am Rand des Flugfeldes. Ein hölzerner, halbverfallener Schuppen ist vorhanden. Einige Benzinfässer stehen herum. Das ist alles. Wir lassen das Gepäck in der Maschine und steigen um in einen der Wagen. Nach zehn Minuten erreichen wir über eine gut ausgebaute Bergstraße den Ort selbst, der wiederum nur aus einigen Häusern besteht, die z. T. wie so oft verfallen sind. Einziges Ziel unseres Zwischenaufenthaltes ist ein kleiner Gemischtwarenladen. Wir wollen hier unsere Jagdlizenzen und die „tags“ für Schaf und Ziege kaufen. Aber das bereitet Schwierigkeiten. Tante Emma hat so etwas noch nie gemacht, und der Chef des Hauses ist irgendwo unterwegs. Wir müssen also warten; und warten, das habe ich schon gelernt, gehört in Alaska einfach zum normalen Alltag.

John hat gleich einen Überbrückungsvorschlag zur Hand. Er fährt mit uns ein Stückchen flußauf, wo wir am breiten Ufer des Flußbettes eine lange Kette seltsamer bootsähnlicher Geräte liegen sehen. Wir steigen aus, um uns näher zu informieren. Es handelt sich um sogenannte fishwheeler, hölzerne Schaufelräder, die von der Strömung des Flusses in Umlauf gebracht werden und in ihren Schaufelkästen die Fische im wahrsten Sinne des Wortes aus dem fließenden Strom herausschaufeln und in darunter befindliche Auffangbottiche schütten. Z. Zt. bringt das nicht viel, weil der Lachszug durch ist. Lediglich bei einem Wheeler finden wir ein ganz passables Exemplar von Lachs. Während des Lachszuges werden hier aber die Fische tonnenweise aus dem Wasser geschaufelt.

Der Zeitvertreib hat sich gelohnt. Als wir wieder im Shop erscheinen, ist auch der Chef anwesend. Ein schreckliches Bild. So etwas haben wir alle noch nicht gesehen. Der ganze Mann besteht aus einem einzigen Bruch. Ob ein Leisten- oder Hodenbruch, ich vermag es nicht zu beurteilen; dafür fehlt mir die Erfahrung. Der ganze Körper unterhalb der Hüfte besteht jedenfalls aus einem riesigen schwammigen Gebilde, das in eine überdimensionale Hose gepreßt ist. Der Mann kann nur gebückt gehen und watschelt wie eine Ente. Von John erfahren wir, daß diese Mißbildung durchaus operabel ist. Der Betroffene gehört aber einer bestimmten Sekte an und lehnt es aus religiösen Gründen ab, sich einem Eingriff zu unterziehern.

Das Ausfüllen der Papiere dauert endlos. Alles und jedes wird hinterfragt und muß notiert werden. Haarfarbe, Größe, Gewicht, Augen etc., etc., etc. Unser Gesprächspartner kommentiert das alles noch mit langen Erzählungen. Und dieses für drei Jäger mal zwei Wildarten. Um uns herum auf kleinstem Raum ein unwahrscheinliches Durcheinander von Waren. Vom Hering bis zum Schreibzeug, vom Waschpulver bis zum Käse, es fehlt fast nichts.

Erst gegen 19.00 Uhr können wir wieder starten. Es geht den Chitina River aufwärts. Flugdauer eine gute halbe Stunde. Wir fliegen, den Windungen des Flusses folgend, am südlichen Rande der Wrangel Mountains entlang, an deren nördlichem Rand ich 1979 zum ersten Mal in Alaska jagte. Um 19.30 Uhr landen wir auf der Piste des Camp McColl Ridge. Das Camp liegt am Fuße der gleichnamigen Bergkette, auf der anderen Seite begrenzt durch den Fluß.

Wir werden empfangen von Donnah, der Frau von Paul Claus jun. mit ihrem 1½jährigen Töchterchen Elli. Dazu kommen die Guides Bruce, Scott und Rob. Außerdem Jim, ein Student, der als Helfer für alles im Camp tätig ist. Vervollständigt wird die Besatzung durch zwei große, schwarze Mischlingshunde, Jet und Cury.

Wir Jäger sind untergebracht in einem geräumigen Blockhaus. Im Hintergrund, durch Vorhänge abgetrennt, schläft Erich mit seiner Tochter. Er ist schon zum dritten Mal hier, aber nicht als zahlender Jäger, sondern als eingeladener Gast. In der Heimat unterhält er einen Handwerksbetrieb, baut Öfen und handelt mit Kacheln. Jagdlich kennt er die ganze Welt. U. a. hat er bereits zwei Eisbären geschossen. Gernot betreibt ein Handelsunternehmen: Porzellan, Haushalts- und Eisenwaren, Landmaschinen u. ä. m. Sepp präsentiert ähnlich wie Erich den goldenen Boden des Handwerks. Er ist Kraftfahrzeugmechaniker und unterhält eine Werkstatt. Wir drei schlafen im vorderen Teil des Hauses. Jeder hat ein bezogenes Bett. Alles in allem ein Quartier, wie ich es in dieser Art und Ausstattung in Alaska noch nicht bewohnt habe.

Nebenan liegt eine Blockhaussauna mit Waschraum. Wir haben also stets warmes Wasser. Gleich daneben ein weiteres Blockhaus für die Familie.

Vor unserer Schlafhütte das Haupthaus mit Küche, Aufenthaltsraum und Familienunterkünften. Beherrschend an der Wand im Innenraum das Haupt eines guten Dallwidders.

Dahinter in Büschen versteckt zwei Toiletten, was ich auch zum ersten Mal in der Wildnis erlebe, eine davon mit einem richtigen Spülklosett. Am äußersten Ende des Lagergeländes entstehen ein neues, geräumiges Blockhaus, das mehr Aufenthaltsraum bieten soll, und weitere Einzelunterkünfte sowie ein Lagerhaus für Lebensmittel und Materialien, das z. Zt. noch durch ein Armeezelt ersetzt wird. Für die Frischverpflegung, vor allem also Fleisch und Fisch, ist ein Erdbunker vorhanden, der nach oben mit Palisaden abgestützt ist. Und rund um uns herum Berge und Berge.

Das Jagdgebiet mißt 30 Meilen im Durchmesser. Es liegt am Rande des Wrangell St. Elias Nationalparks.

Paul Claus jun. waren wir auf den letzten Meilen unseres Anflugs zum Camp in der Luft begegnet. Er flog mit einer anderen Maschine, einer Beaver, nach Chitina, um dort Ellinore Claus, Erich mit Tochter und das Gepäck abzuholen.

Am ersten Abend werden wir gründlich abgefüttert. Und dann geht es gleich in die Betten, denn nach dem langen Atlantik-Flug und der Anreise hierher sind wir doch rechtschaffen müde. Vorsorglich nehme ich eine Schlaftablette, stopfe mir Oropax in die Ohren, und da gottlob niemand laut schnarcht, habe ich eine gute Nacht.

Um 7.30 Uhr stehen wir auf. Das übliche, reichhaltige amerikanische Frühstück: Würste, Speck, Toast. Der Vormittag vergeht mit Lagerbesichtigung und Sonnenbaden. Ich muß es im Hinblick auf die Icebox noch einmal sagen: So schön hatten wir es den ganzen Sommer über nicht zu Hause.

Auf dem Flugfeld stehen fünf Maschinen. Neben der Cessna und der Beaver, mit denen gestern geflogen wurde, zwei winzige Super Cups für jeweils zwei Personen und eine weitere Cessna. Zum Fahrzeugpark gehören ein kleiner Schaufellader und ein dreirädriges Motorrad mit Hänger. John, der selbst nicht mehr zur Jagd führt, bastelt fast den ganzen Tag an den Flugzeugen herum und kümmert sich um die Hausbauten. Die Guides arbeiten, soweit sie nicht im Einsatz sind, ebenfalls im Häuserbau.

Nachdem wir uns mit unserem Umfeld vertraut gemacht haben, schießen wir erst einmal die Waffen ein. Ich stelle kaum Abweichungen von meinem letzten Schießergebnis zu Hause fest. Auf 100 Meter handbreit über Fleck, das müßte bei der Patrone 300 Weatherby magnum bis auf 300 Meter unproblematisch sein. Auch Gernot hat mit seiner Waffe, übrigens einer Blazer wie meine im gleichen Kaliber, keine Probleme. Erich führt, das ist wirklich bemerkenswert, die dritte Blazer und muß sein Zielfernrohr ein wenig nachkorrigieren. Sepp allerdings hat Schwierigkeiten. Er führt eine Sauer 80 im Kaliber 30.06. Er bekommt kein so richtig befriedigendes Trefferbild zustande. Auch scheint mir dieses Kaliber auf die zu erwartenden großen

Entfernungen nicht ausreichend zu sein. Gernot, Sepp und ich haben übrigens das gleiche Jagdziel, Schaf und Ziege. Erich dagegen will nur auf Ziege jagen, weil er den Widder schon früher hier erlegt hat.

Zum Lunch gibt es einen sehr leckeren Auflauf mit vielen Gemüsen und Salaten und wie überall hier natürlich meine geliebten Cookies.

Flugartistik

Nachmittags beginnt das Ausfliegen in die Außencamps, die sich in großen Abständen voneinander über eine Bergterrasse der McColl Ridge erstrecken. In der Regel handelt es sich um transportable, kleine Rundzelte, jeweils für zwei Mann. In einem Fall wird aber auch ein Hauszelt mit Holzboden und Pritschenlager angeboten. Letzteres habe ich selbst nicht kennengelernt.

Das Einfliegen liegt in Händen von Paul Claus, der als Pilot der reinste Luftartist ist. Zum Einsatz kommt eine kleine Super Cup, in der nur für den Piloten selbst und einen Jäger nebst sehr wenig Gepäck Platz ist. Die Maschine verfügt über keinerlei Automatik, sondern wird voll mechanisch bedient. Sie hat überdimensionale, luftgefüllte Gummireifen, die je nach Zustand der Start- bzw. Landebahn mehr oder weniger straff aufgepumpt werden. Vorbereitete Landepisten im eigentlichen Sinne gibt es im Berg natürlich nicht. Paul landet jeweils dort, wo der Boden nicht zu uneben ist und die Länge der Fläche gerade noch ausreicht für Landung und Start. Das bedeutet in vielen Fällen, daß die Maschine beim Start über eine senkrechte Wand hinweg ins Leere stößt, so daß man zunächst das Gefühl hat, nun geht es wie ein Stein unaufhaltsam abwärts. Aber der gute Paul kennt sein Maschinchen so gut wie unsereins sein Fahrrad und weiß genau, wo die Grenze des Risikos liegt. Trotzdem hat man manchmal schon ein recht unangenehmes Gefühl im Magen. Da jeder Gastjäger mit einem Guide jagt, bringt Paul zunächst den Guide zum Außencamp. Dann wird der Gastjäger nachgeflogen. Ist viel Gepäck vorhanden, wird noch ein dritter Flug für das Gepäck erforderlich. Das sind bei drei Jägern sechs bis neun

Flüge, die im Laufe des Nachmittags bis in den Abend hinein absolviert werden müssen.

John und Paul Claus sind in der Hierarchie der hiesigen Berufsjäger beide Registered Guides; Rob, Bruce und Scott Assistent Guides. John kümmert sich, wie schon erwähnt, um das Lager und den Nachschub. Ellinore ist für Küche und Enkelkind zuständig. Paul trägt Verantwortung für Jagd und Fliegerei. Donnah erledigt die Verwaltung.

Da Paul meine Jagdführung übernommen hat, werde ich als letzter ausgeflogen. Das nutze ich für einen gründlichen Mittagsschlaf, um noch ein wenig Versäumtes nachzuholen und mich auf die bevorstehenden Strapazen vorzubereiten.

Ins Jagdgebiet der weißen Widder

Rob, der uns als Träger begleiten soll, wird nebst Gepäck als erster ausgeflogen. Dann endlich ist es auch für mich soweit. Wir starten gegen 20.00 Uhr. Der Flug dauert ca. 15 Minuten. An steilen Felswänden entlang geht es aufwärts. Oben fliegen wir mehrere Kessel ab und sehen unter uns eine Menge Dallwild. Schon vom Hauptcamp aus hatten wir sie oben an den Berghängen beobachtet. Die Maschine rollt dann auf einem kleinen Grasboden direkt neben den beiden Rundzelten aus. Paul fliegt nicht zurück. Wir behalten die Maschine bei uns.

Paul und Rob beziehen das eine der beiden Zelte, das andere habe ich für mich allein, worüber ich ganz froh bin. Inzwischen ist es empfindlich kühl geworden. Sicherlich hart an der Frostgrenze. Wir unternehmen noch eine kleine Wanderung rund um das Plateau und beobachten einige Rudel Schafe. In der Masse Mutterwild mit Lämmern. In der Ferne können wir ein kleines Rudel von sieben Widdern ausmachen, unter denen scheinbar auch einige ältere sind. Wir wollen versuchen, sie morgen wiederzufinden.

Dann wird auf einem Spirituskocher ein kräftiger Eintopf gebraut. Dazu gibt es eine Dose Bier, natürlich Leichtbier. Und um 21.30 Uhr liege ich, mit dickem Unterzeug gut ausgerüstet, gemütlich in meinem Schlafsack. So ganz störungsfrei ist die

Nacht nicht. Das Herz klopft deutlicher als sonst. Sicherlich die Höhe in Verbindung mit der Spannung auf den kommenden Tag.

Um 5.00 Uhr beginnt es, im Nachbarzelt zu rumoren; also raus. Mein erster Jagdtag. Am Tage des Einfliegens ins Außencamp ist ja absolutes Jagdverbot. Zum Frühstück gibt es halbrohe Bratkartoffeln, Spiegelei und Tee. Dann marschieren wir gegen 6.00 Uhr los.

Es ist noch schummrig. Gestern abend war es stark bewölkt, und nachts fielen auch einige Tropfen, so daß ich schon um das Wetter bangte. Aber heute morgen sind nur noch einige wenige Wolkentupfen am sonst glasklaren Himmel. Noch ist es kalt, und es läuft sich gut. Ich trage Lodenhose und Walkjacke. Nicht ganz ideal ist der Kodiakstiefel. Der Schaft ist zu weich, so daß ich, vor allem, wenn ich am Hang gehe, leicht umknicke; und bei längerem Marsch beginnt es, hinten an den Fußsehnen auch etwas zu scheuern.

Überall Schafe

Wir übersteigen das Lager in östlicher Richtung. In weitem Bogen drehen wir dann auf Westkurs, um den richtigen Wind zu haben. Der Boden ist weich und leicht kuppig, mit Steinbukkeln und Löchern durchsetzt. Wir sind weit oberhalb der Baumgrenze. Im Norden zieht sich eine hohe Felskette entlang. Im Süden läuft der Bergzug in steile Abstürze aus, die bis in die Grünzone führen. Dort werden wir auf Ziegen jagen. Wir pirschen nun immer an den oberen Rändern entlang, von Kessel zu Kessel. Überall Schafe. Hier zehn, dort zwanzig. Wir zählen schon nicht mehr. Aber im Laufe der Stunden sind es weit mehr als einhundert. Wie soll man da bloß herankommen bei dem absolut deckungslosen Gelände? Alles, was wir bisher gesehen haben, ist Mutterwild mit Lämmern und einige wenige junge Widder. Wir ziehen uns weit auseinander, um, stets unter Beachtung der Windrichtung, möglichst viel Gelände einsehen zu können. Paul dirigiert uns von Kessel zu Kessel. Inzwischen ist es warm geworden. Wir pirschen nur noch im Hemd.

Begegnung mit Wölfen

Wir suchen die sieben Widder von gestern abend. Aber vergeblich. Die Bühne ist leer. Nach einigen Stunden die Lösung des Rätsels. Ca. 500 Meter vor uns ein starker, dunkler Wildkörper. Im ersten Moment denke ich an einen Schwarzbären. Aber nein, ein schwarzer Wolf, dem sich, in der Farbe schwerer auszumachen, ein zweiter grauer hinzugesellt. Es ist zu spät, noch Deckung zu nehmen. Die beiden haben uns längst spitz und suchen das Weite. Wir hören in der Ferne Heulen. Es müssen noch mehr sein. Paul erzählt, daß die Verluste bei den Schafen durch Wölfe außerordentlich hoch seien, besonders im Winter und gleich nach der Brunft, wenn die Widder geschwächt sind. Nun ist guter Rat teuer, denn in weitem Umkreis bleibt die Bühne leer.

Die Wolfe verschwinden in westlicher Richtung. Rob und ich pirschen ein Stück zurück und postieren uns auf einem Grat zwischen drei Kesseln, in der Hoffnung, daß von Osten wieder Wild zuwandert. Paul läuft einige Grate nach Westen, Norden und Süden ab, aber ohne Ergebnis.

Mein Traum

Noch bevor er zurück ist, entdecken wir die ersten Schafe wieder weit im Osten auf einer Hochfläche jenseits des vor uns liegenden Kessels. Es wandern immer mehr zu. Sie bedecken allmählich wie kleine weiße Flocken das Plateau jenseits des Kessels in weiter Fläche. Plötzlich steigen aus dem Kessel selbst, den wir bis zu seinem Grund nicht einsehen können, die vermißten sieben Widder auf. Während das Mutterwild äst, tun sich die Widder nieder. Wir beobachten und beobachten, aber es kommt keine Bewegung in das Wild. Ein einzelner sehr starker Widder hat sich abseits niedergetan. Paul betont immer wieder „a nice ram!“. Aber wie rankommen?! Nach endlosem Warten entschließen wir uns zu einem Versuch.

Gebückt geht es eine kleine Rinne abwärts, so daß wir etwas näher an den Kessel herankommen. Dann trennen wir uns von

Rob und lassen sämtliches Gepäck zurück. Auf allen Vieren geht es zu einer Rinne, die in den Kessel läuft. Hier können wir ein Stück gebückt gehen, und dann heißt es am jenseitigen Rand des Kessels mindestens 500 Meter kriechen und robben. Das ist mehr als jemals beim Kommiß. Ich habe nur die Waffe bei mir. Keine Jacke, keinen Rucksack, nicht einmal das Glas. Paul ist völlig unbeschwert. Links auf 300 Meter plötzlich ein kleines Rudel Mutterwild, das von hinten angewechselt war und uns eräugt. Die Schafe gehen flüchtig in Richtung Hauptrudel ab. Das kann das Ende sein. Aber wir robben weiter. Als wir soweit sind, daß Paul meint, wir könnten auf Schußentfernung von etwa 300 Metern heran sein, fordert er mich auf, aufzustehen. Das hieße freihändiger Schuß mit klopfendem Herzen und fliegenden Lungen, ohne genau zu wissen, wo der Widder, auf den wir es abgesehen haben, steht. Ich lehne ab. Flach an den Boden gepreßt – das ist schon kein Robben mehr – ziehen wir uns noch ein Stück weiter durchs Gras. Jetzt bekommen wir den Widder frei. Entfernung 300 Meter. Wir gehen etwas in die Hocke. Ich lege auf Pauls Schulter auf. Aber der Widder steht spitz und ist ständig in Bewegung. Noch einmal zu Boden. Wir robben weitere zehn Meter. Da ist eine winzige Bodenwelle, auf der ich liegend auflegen kann, und im Gras eine Lücke. Der Widder tritt äsend breit, und schon ist die Kugel draußen. In der Fährte reißt es ihn zusammen. Keine Flucht mehr. Kein Heben des Hauptes. Kein Schlegeln. Paul schlägt mir wuchtig auf die Schulter. Wir umarmen uns. „We have got him; we have got him!“ Fast können wir es nicht glauben, daß uns bei dieser endlosen Kriecherei, stets fast im Anblick des Wildes, dieser Erfolg gelungen ist. Und das am ersten Tag. Paul fragt mich nach meinem Alter. Und die Antwort quittiert er mit einem respektvollen „phantastic“. So etwas hebt natürlich ungeheuer das Selbstbewußtsein.

Wir treten an unsere Beute. Ein starker, alter Widder mit gut full curl. Nicht sehr lang im Horn, aber gedrungen und mächtig in der Basis. Eine schlohweiße, dichte, herrliche Decke.

Rob kommt mit dem Gepäck nach. Mit der Kamera halten wir das schöne Wild für die Erinnerung fest. Vorsichtig nehmen wir die Decke und sägen den Schädel kurz ab. Vom Körper

Gefunden.

Billy und ram.

entfernen wir kiloweise Feist. Das linke Blatt ist vom Schuß völlig zerschmettert und nicht mehr verwertbar. Erstaunlich ist für mich, daß die Weatherby magnum 300 keinen Ausschuß gebracht hat. Das Wildbret verschwindet in zwei großen Rucksäcken, die Paul und Rob übernehmen. Das gesamte übrige Gepäck von uns dreien verstaue ich in meinem Rucksack und nehme dazu die beiden Gewehre. Da wir den Widder praktisch auf dem Rückweg Richtung Osten erlegt haben, ist der Weg zu den Zelten nicht weit. Schon nach einer halben Stunde werfen wir unsere Lasten dort ab. An Ort und Stelle wird das Haupt des Widders gesäubert. Alle Siebensachen werden im Flugzeug verstaut, und um 17.00 Uhr starten wir zum Hauptcamp, in dem wir mit Hallo empfangen werden.

Und wieder Wölfe

Dort ist inzwischen auch Sepp mit seinem Guide Scott eingetroffen. Er war von seinem Außencamp in sehr schwierigem Gelände bis zum Hauptcamp abgestiegen. Im Lager war bekannt, daß sich auf diesem Weg ein laufkranker Widder aufhielt, der aus der eigentlichen Bergregion in den Grüngürtel hinuntergezogen war. Auf ihn war Sepp angesetzt. Aber er hatte Pech. Den Widder fanden sie zwar, aber er mußte unmittelbar vorher von Wölfen gerissen worden sein, denn der Wildkörper war noch warm. Die gute Schnecke mit einer beachtlichen Auslage, wenn auch in der Stärke bei weitem nicht so wie die meine, haben sie mitgebracht. Als ich mit Paul von meinem Außencamp zurückflog, hatten wir den verendeten Widder auf einer kleinen Lichtung schon entdeckt. Wir waren nur nicht sicher, ob es derjenige war, auf den Sepp es abgesehen hatte.

Lagerpause

Ich mache es mir wieder in meinem Luxusbungalow bequem, sortiere alles ein, mache mein Bett zurecht und putze das Gewehr. Ich habe jetzt vier Tage reinen Urlaubs vor mir, denn die Jagdzeit auf Ziege beginnt erst am 1. September. Das bedeutet, daß ich vor dem 31. August nicht ins Außencamp kann, und heute haben wir den 27. August. Auch das ist ein schönes Gefühl. Ich werde mich mal so richtig treiben lassen.

Das Abendessen ist die reinste Schlemmerei. Wir sitzen draußen am offenen Feuer. Es gibt geschmorten Lachs aus der Folie mit einer Vielzahl leckerer Salate und Gemüse. Wir klönen noch bis spät in den Abend hinein. Über uns ein funkelnder Sternenhimmel, und nur die lodernden Flammen erhellen die nähere Umgebung. Im Forst unmittelbar hinter uns ruft eine Eule. Weit droben in den Bergen hören wir das Heulen der Wölfe. Unsere kleineMannschaft bekommt allmählich Schulterschluß. Ein diesmal doch sehr bunt zusammengewürfelter Haufen, aber wir verstehen uns. Mit fortschreitender Nacht fällt die Kälte ein. Wir ziehen uns zurück in unsere Hütten, und schon bald umfängt mich nach erfolgreicher Jagd und in der Gewißheit des mir bevorstehenden Ausruhens ein tiefer, erholsamer Schlaf.

Erst um 9.00 Uhr stehen wir auf, wir, d. h. Sepp, Erich nebst Tochter und ich. Erich hatte gestern Sepp begleitet. Gernot ist noch oben im Berg. Zum Frühstück gibt es Frikadellen, Pancakes, Kompott und viele süße Kleinigkeiten. Wir essen viel zu viel. Nachdem es in der Nacht stark bezog und auch heute morgen noch einiges an Wolken übrig war, haben wir seit 10.00 Uhr wieder strahlenden Himmel.

Ich mache kleine Wäsche. Dann sitze ich stundenlang mit Erich und Myriam halbnackt in zwei gepolsterten Schaukelstühlen in der Sonne. Ich schreibe mein Tagebuch. Zum Mittag gibt es kalte Lachsreste, Hühnchen, Käse, Kompott.

Und dann im Laufe des Nachmittags erscheint Paul mit seinem kleinen Maschinchen am Himmel. Er fliegt Gernot ein, der von Bruce geführt wurde. Sie haben eine sehr beschwerliche Pirsch hinter sich, verbunden mit Klettereien im brüchigen Gestein. Man sieht Gernot an und glaubt ihm, daß er Angst um sein Leben hatte. Gesehen haben sie nicht viel. Zwei Widder hatten sie in Anblick, von denen einer auch gut schußbar war. Einen anderen Widder konnten sie auf 20 Meter fotografieren. Ihm fehlten aber einige Zentimeter an full curl.

Erich und Tochter werden von John einige Kilometer flußabwärts geflogen, wo bei einem anderen Camp die der Familie Claus gehörenden Pferde stehen. Als sie zurückkehren, können sie erzählen, daß sie auf ihrem Trip Bär, Elch und Bison beobachtet haben.

Ich verbringe auch den Nachmittag in der Sonne beim Lesen und Dösen und träume von Vergangenheit und Zukunft. Dabei fällt mir ein, daß ich am Vortage während der Schafjagd, als wir auf Beobachtungsposten saßen, auf sehr weite Entfernung auch die erste Ziege ausgemacht hatte. Zeitweise stand sie in einer steilen Wand und wechselte dann durch nicht minder steile Geröllbänder. Mir schwant, was den Schwierigkeitsgrad angeht, nichts Gutes. Aber Paul winkt beruhigend ab. Er meint, für den Gastjäger sei die Ziegenjagd einfacher als die Schafsjagd, für den Guide dagegen die Ziegenjagd schwieriger, weil das Bergen des erlegten Wildes häufig außerordentlich problematisch sei. Aber verallgemeinern läßt sich das alles sicherlich nicht, so wie es eben immer für die Jagd gilt. Warten wir ab. Die Sonne ist so intensiv, daß ich mir im Laufe des Tages auf Brust und Nase einen regelrechten Sonnenbrand hole.

Zum Abendbrot gibt es Fleisch von meinem Widder und dazu auch eine Dose Bier. Es ist immer wieder eigenartig. Bei dieser Art von Jagd vermißt man den zu Hause doch fast üblichen abendlichen Drink überhaupt nicht. Hinter meinem Bett liegen zwei Flachmänner mit Whisky. Ich habe kaum einmal daran genippt.Heute schlafen Erich, Myriam und ich allein in unserem Haus, weil die anderen in ihren Außencamps sind. Ich empfinde das als besonders angenehm, weil ich von den beiden durch einen Vorhang getrennt bin und auf diese Weise praktisch allein schlafe.

Durch die rapids des Tana River

Um 8.00 Uhr stehen wir auf. Nach dem Frühstück leiste ich mir noch einmal ein einstündiges Sonnenbad, und dann brechen wir auf zu einer Schlauchbootfahrt auf dem Tana River; wir, d. h. Paul, Donnah, Rob, Jim, Erich, Myriam und ich. John begleitet uns als Pilot. Wir setzen zwei Maschinen ein, die Cessna und die Beaver.

Nach etwa 20 Minuten Flugzeit erreichen wir unsere Landebahn am Tana River, nichts anderes als eine Kiesbank am Flußufer. Boot, Proviant, wasserdichte Kleidung, Gummistiefel, Schwimmwesten werden ausgeladen. John und Paul fliegen zur Landebahn an unserem Zielort, wo die Beaver abgestellt wird. Mit der Cessna bringt John Paul zu uns zurück. In der Zwischenzeit montieren wir das Schlauchboot. Außerdem hat Paul sein Kajak mitgenommen, mit dem er unterwegs üben will. Jim, der erfahrener Kajakfahrer ist, wird als Lehrer fungieren. Zum ersten Mal sehe ich, wie sich so ein Kajakfahrer einsatzbereit macht. Dicke wollene Unterwäsche. Darüber eine Art Taucheranzug. Verschlüsse an Hals, Händen und Füßen; Sturzhelm, Nasenklemme und Schwimmweste. Verpflegung und Kameras verschließen wir in einer Box. Dann kriechen wir in unser wasserdichtes Zeug. Ich habe meine eigene Regenjacke und -hose, auf die ich mich absolut verlassen kann. Problematischer ist es mit den Gummistiefeln, die rissig sind und teilweise mit Tesa abgedichtet. Unter uns liegt ein breiter, schnell dahinfließender Strom, lehmiges, eisiges Gletscherwasser. Ihm sollen wir uns für sechs Stunden anvertrauen.

Im amerikanischen Westen habe ich früher vom Ufer aus oft Schlauchbootfahrten beobachtet und gesehen, wie die Boote häufig völlig in Sturzseen verschwanden und in den Stromschwellen, manchmal im Winkel von 90°, senkrecht in die Höhe schossen. Ich habe mir oft gedacht, wer daran Vergnügen hat, möge es in Gottes Namen tun. Aber für mich ist das beileibe nichts. Und heute stehe ich selbst vor einem solchen Abenteuer, ohne noch recht zu wissen, was auf mich zukommt. Jedenfalls weist Paul darauf hin, daß der Tana River in die höchste Schwierigkeitsstufe der alaskanischen Wildwasserflüsse einzuordnen ist. Mit Nachdruck macht er uns deutlich, daß wir uns in den rapids, egal was auch kommt, an den quergespannten Halteleinen festklammern müssen. Nur dann entgehen wir der Gefahr, über Bord geworfen zu werden.

Zunächst treiben wir zwar recht schnell, aber doch ruhig flußabwärts. Das Flußbett ist breit, teilt sich gelegentlich in mehrere

Adern auf. An den Ufern ziehen Kiesbänke an uns vorüber, die mit abgestorbenen, ausgerissenen Baumstämmen übersät sind. Im Hinterland schließt dichter Wald an. Begrenzt wird das Bild von der Kulisse stark aufragender Berge mit ewigem Schnee, als höchster der „University" mit seinen Gletscherfeldern. Über allem wieder ein wolkenloser strahlender Himmel.

Allmählich wird das Flußbett enger. Die flachen Kiesufer gehen in steile Cañon-Wände über, die zunächst nur wenige Meter hoch sind, aber immer höher steigen, je mehr sie das Flußbett einengen. Und dann hören wir es vor uns rauschen. Aus dem Rauschen wird ein Brausen, allmählich so stark, daß wir uns nicht mehr verständigen können. Und nun ist das Flußbett nur noch wenige Meter schmal. Die Felswände links und rechts ragen zig Meter steil in die Höhe. Es wird dunkel. Die Sonnenstrahlen reichen nicht mehr hinein in diesen Cañon. Im Flußbett liegen riesige Felsbrocken, und das Wasser schäumt, wirbelt und kocht. Kaum steckt das Schlauchboot seinen Bug in diese wilde See, wird es schon nach links und rechts gerissen. Jim, der allein die beiden Ruder bedient, steuert uns zentimeterweise durch die Klippen, die natürlich auch unter Wasser lauern. Die Wellen werden immer höher. Und nun beginnt das Schlauchboot regelrecht auf ihnen zu reiten. Solange die Wellen in kurzer Folge laufen, hält sich das Boot in der Waage. Sobald aber ein größeres Tal kommt und die Wellen dann von allen Seiten wieder auf das Boot zulaufen, steckt es die Nase tief ins Wasser und jagt auf der anderen Seite den Wellenberg steil wieder hoch. Hier gibt es nur eins: Augen zu, sich zusammenducken und mit beiden Händen fest an den Leinen festhalten. Und dann rauschen wahre Sturzbäche von Wasser auf uns hernieder. Das alles natürlich eiskalt. Anfangs ist es ein eigenartiges Gefühl, und die Angst kriecht einem doch den Rücken hoch. Nachdem man das aber einige Male hinter sich gebracht hat und sieht, daß das Boot letztlich doch wieder ans Tageslicht kommt, macht es irgendwie Spaß. Wir schreien viel und lachen entsetzlich, besonders als Donnah, die ganz hinten im Boot sitzt, außenbords fällt. Sie nimmt das lachend und mit großer Gelassenheit, und binnen kurzem haben wir sie auch wieder im Boot.

Diese Fahrten durch die rapids wiederholen sich in verhältnismäßig kurzen Abständen laufend. Zwischendurch gibt es immer wieder Erholungspausen, wenn sich der Fluß verbreitert. Eine dieser Pausen benutzen wir für ein Picknick. Wir ziehen das Boot auf eine Kiesbank direkt unter einer sonnendurchglüten Felswand. Während wir im steilen Winkel an der Wand halb liegen, halb stehen, verdrücken wir unsere Stullen und nehmen einen Schluck Cola dazu. Die Sonne bescheint uns von vorne. Die Felswand strahlt die Wärme wie ein Ofen von hinten ab. Unsere jungen Leute, Paul, Jim, Donnah, bringen es doch tatsächlich fertig, in einer ruhigen Bucht ein Bad zu nehmen. Paul und Donnah zwar mit Ihren Gummianzügen, Jim aber im Badezeug. Mir laufen kalte Schauder den Rücken herab. Sonne und Fels schaffen es sogar, Strümpfe und Schuhe wieder zu trocknen. Aber das ist nur von kurzer Dauer, denn schon in der nächsten Stromschnelle steht das Wasser wieder in meinen Stiefeln. Sonst aber bin ich trocken und munter.

Solange der Fluß einigermaßen ruhig strömt, absolviert Paul seinen Kajakunterricht. Dazu gehört vor allem auch die volle Rolle, d. h., daß er sich auf der einen Seite mit dem Oberkörper ins Wasser fallen läßt und dann auf der anderen Seite wieder hochkommt. Wenn es nicht klappt, muß er unter Wasser aussteigen. Sobald sich dann eine Stromschnelle nähert, wird das Kajak auf das Schlauchboot gehievt und Paul hereingezogen.

Auch Wild kommt unterwegs in Anblick. Etwa 200 Meter vom Ufer entfernt richtet sich ein starker Grizzly auf. So recht kann er mit dem komischen Vehikel auf dem Wasser nichts anfangen. Immer wieder kommt er hoch, streckt sich, so lang er nur kann, beugt sich nach links und nach rechts, versucht, Wind zu kriegen. Aber die richtige Antwort findet er nicht. Schließlich trollt er von dannen; sicher ist sicher. Ein Stück weiter haben wir auf etwa 300 Meter auf einer nur dünn bewachsenen Kiesbank ein Rudel von sieben Bison vor uns. Ein herrliches Bild, diese fast schwarzen, tiefbraunen, gewaltigen Gesellen. Hier im Bereich des Chitina River steht eine Herde von ca. 60 Tieren, die auch beschränkt bejagt wird. Die wenigen Lizenzen werden verlost. Unser Guide Scott hat für diese Jagdsaison ein solches Los gewonnen und überlegt, ob er es selber nutzen oder zu Dollars machen soll.

Nach etwa fünf Stunden mündet der Tana River in den Chitina River. Die restliche Strecke fließt der Fluß zwar in einem Cañon, aber doch in einem recht breiten Bett dahin. Pünktlich um 18.00 Uhr steuern wir dem Ufer zu, wo die rote Beaver auf uns wartet. Alles wird wieder in der Maschine verstaut. Paul startet mit dem ersten Teil der Crew. Ich warte gemeinsam mit Jim und Rob auf John, der uns in Kürze mit der Cessna holen wird. Wir liegen in der warmen Abendsonne hoch auf dem Flußufer. Wir stöbern in einer kleinen cabin mit cache herum, die hier für Trapper und jedermann offensteht und sicheren Unterschlupf bietet. Nach einer halben Stunde erscheint John und bringt uns zum Hauptcamp.

Ein gründliches, heißes Bad frischt die Lebensgeister auf. Das war ein herrlicher Tag.

Es kann auch anders kommen

Während ich diese Zeilen redigiere, erhalte ich von Frau Trautmann einen ausführlichen Zeitungsbericht, dem ich entnehme, daß sich im Sommer 1988 an der gleichen Stelle auf dem Tana River mit dem gleichen Boot unter Führung von Paul und Donnah Claus ein schweres Unglück zugetragen hat. In den Stromschnellen sind drei Angehörige eines Kamerateams, das einen Film über alaskanische Wildwasserfahrten drehen wollte, über Bord gegangen und ertrunken. Offensichtlich haben sie ihre Hauptaufmerksamkeit auf die Aufnahmegeräte gerichtet und darauf verzichtet, sich an den Leinen festzuhalten.

Kaum haben wir uns fertiggemacht, brummt Paul mit seiner Super Cup heran und bringt Gernot, der ein erstklassiges Schaf aus einem 13köpfigen Rudel herausgeschossen hat. Er war zwei Nächte oben und ist von einem Außencamp zum anderen gepirscht. Die gemeinsame Freude ist groß.

Nun fehlt nur noch Sepp. Paul hat über Sprechfunk erfahren, daß sich oben bei ihm ein starker Widder herumtreibt, aber er noch nicht zu Schuß gekommen ist. Er bleibt also oben. Wir wünschen ihm von Herzen Erfolg für den kommenden Tag.

Am offenen Feuer gibt es wieder in der Folie gegarten Lachs

mit zahlreichen Beilagen. Gernot ist untröstlich, daß kein Bier da ist. Er hat sich schon den ganzen Nachmittag darauf gefreut. Dafür spendiere ich ihm zum Ausgleich einen Schluck aus meinem Whisky-Vorrat.

Neue Jäger und Wetterumbruch

Zu unserem Entsetzen erfahren wir, daß am 31. August drei weitere deutsche Jäger ins Lager kommen werden. Erich und Myriam müssen unser Haus räumen, weil sie ja nicht zahlende Gäste sind. Dann schlafen wir hier zu sechst. Hoffentlich sind keine Schnarcher dabei. Und wie mag das mit dem Jagen klappen?! Sieben Jäger, fünf Guides und drei Außencamps! Wir sind etwas beunruhigt. Na, abwarten. Um 22.00 Uhr geht's in die Betten.

Noch in der Nacht fängt der Regen an, aufs Dach zu tröpfeln. Als wir um 8.00 Uhr rausgucken, sind die Berge in dicke Wolken gehüllt. Es nieselt und ist empfindlich kühl. Der arme Sepp! Hoffentlich kann er überhaupt jagen.

Nach dem Frühstück fliegt die Familie zur Kirche. Klein-Elly ist feingemacht – mit Rüschenkleidchen. Ich mache kleine Wäsche und trage mein Tagebuch nach. Wir drei Jägerreservisten klönen über Gott und die Welt und natürlich von der Jagd. Die Gedanken eilen jetzt doch schon sehr voraus. Morgen werden wir zur Ziegenjagd in die Außencamps fliegen, wo am Dienstag dann, hoffentlich wieder bei besserem Wetter, der zweite Teil der Jagd beginnen soll. Ob ich es körperlich packe? Wir reden natürlich vom Präparieren unserer Schafschnecken. Sollen wir sie mit nach Hause nehmen oder in Anchorage den Auftrag erteilen? Auch der Rückflug ist schon Gesprächsthema. Donnah würde mich gerne am 7. September ausfliegen, während mir der 6. lieber wäre. Na, abwarten. Erstmal gilt alles Sinnen den Ziegen.

Gegen Abend holt Paul Sepp. Er tut uns allen sehr leid. Viermal hat der Pechvogel auf zwei verschiedene Ziegen vorbeigeschossen, zweimal mit der eigenen Waffe, zweimal mit der von Scott. Dann wurde das Wetter so schlecht, daß für die Super-

Cup im Jagdgebiet keine Landemöglichkeit mehr bestand. Er mußte also zu Fuß absteigen und das zunächst über den Gletscher und dann durch lebensgefährliche Steilwände. Hinzu kam Neuschnee. Das konnte nur ein junger, körperlich einigermaßen trainierter Mann bewältigen. Trotzdem ist Sepp körperlich und seelisch fertig.

Zum Abendessen gibt es Hühnchen. Ich verschwinde schon um 21.00 Uhr in meinem Bett, die anderen leeren mit den Guides noch einen Kasten Bier, den sie von Chitina mitgebracht hatten. Um Mitternacht sind dann alle in der Falle.

Um 8.00 Uhr stehe ich auf. Es ist empfindlich kalt. Paul ist schon um 7.00 Uhr ins Jagdgebiet geflogen, um die Außencamps zu kontrollieren und einige Positionen zu verändern. Nach dem Frühstück schießen wir alle noch einmal unsere Waffen ein. Meine Blaser liegt wieder vorschriftsmäßig genau in der Mitte, eine Handbreit über dem Zentrum. Probleme hat erneut Sepp. Entweder stimmt etwas nicht mit seiner 30.06 oder er ist zu nervös. Um 11.00 Uhr erscheint Paul. Oben im Jagdgebiet hat es – 5° C Frost und Schnee. Er hat etwa 25 Ziegen gesehen. Na, ich bin gespannt.

An dieser Stelle eine kurze statistische Information: 1986/87 wurden in Alaska 576 Mountain-Goats erlegt.

Morgen beginnt die Ziegenjagd

Nachmittags geht es schubweise in die Außencamps. Die Sonne kämpft sich wieder durch. Einer nach dem anderen verschwindet in der Luft. Erst Sepp und Erich zusammen, die von unten die Rinnen angehen sollen. Dann Gernot, der mit Scott in das östliche Camp geflogen wird. Mir wird Rob als Guide zugeteilt. Wir sollen das gleiche Camp beziehen wie vor Tagen bei der Schafsjagd. Dort steht nun allerdings nur noch ein Zelt für uns gemeinsam. Zuerst ist Rob an der Reihe. Ich rekle mich währenddessen noch ein wenig in der Sonne. Dann komme ich dran. So schnell, wie wir hinaufgekommen sind, sind wir auch schon allein. Paul verschwindet mit seiner Super Cup unter uns in der Abenddämmerung. Rob und ich richten uns schnell in unserem Zelt ein. Nachdem wir alle verfügbaren Kleidungsstücke übergezogen haben, bereiten wir uns draußen auf dem Kocher noch ein Süppchen und einen heißen Tee. Wir erleben einen herrlichen Sonnenuntergang. In den Bergwänden über uns stehen die Schafe. Um 21.00 Uhr liegen wir im Schlafsack. Die Nacht ist gut.

Um 4.30 Uhr kriechen wir aus unseren warmen Hüllen. Noch ist es dunkel. Der Boden ist weiß überfroren. Auch mein Rucksack, den ich draußen gelassen habe, ist steif und weiß.

Unsägliche Mühen

Nach einem kurzen Frühstück brechen wir in Richtung Südwesten auf. Der Himmel ist glasklar. Noch sind wir dick verpackt bei der ungewohnt kalten Luft. Es geht immer abwärts. Zunächst bequem über offene Matten. Man muß lediglich auf seine Füße achten, weil sich unter dem Grasbewuchs viele Steine und Löcher verbergen. Dann erhöht sich der Bewuchs allmählich und führt schließlich über in mannshohen brush. Und das artet aus in einen regelrechten Kampf durch ein dichtes Meer von Zweigen. Kein Weg, kein Steg, noch nicht einmal Wildwechsel. Die Zweige sind dick und elastisch. Manchmal steht man hoch über dem Boden, wie auf einem Sprungbrett. Längst habe ich alle Hüllen von mir geworfen und kämpfe mich schweißdurchnäßt Meter um Meter vor. Gewehr, Rucksack oder Bergstock verfangen sich immer wieder in dem dichten Geäst. Dabei denke ich fortwährend daran, daß ich irgendwann ja auch wieder einmal aufwärts muß. Und das geht nun über Stunden. Endlich erreichen wir den Rand einer Rinne. Wir beziehen hier für einige Zeit Beobachtungsposten.

Auf weite Entfernung entdecken wir auch da oder dort eine Ziege, aber die Chance, sie zu erreichen, ist gleich Null. Lediglich auf einer kleinen Kuppe, die aus dem Boden der Rinne aufragt, sitzt auf einer winzigen Lichtung, umgeben von dichtem Nadelwald, eine einzelne, offenbar stärkere Ziege. Wir wollen versuchen, näher heranzukommen.

Immer am Rand der Rinne geht es entlang. Ich wage kaum,

nach unten zu gucken. Schließlich erreichen wir eine Position, von der aus uns nichts anderes übrigbleibt, als in die Wand der Rinne einzusteigen, um von dort auf ein vorgelagertes Köpfchen zu kommen. Eigentlich müßte ich hier Schluß machen. Aber wie das immer bei derartigen Extremjagden ist – wer nicht wagt, der nicht gewinnt. Ich taste mich also in die Tiefe. Von Fels im eigentlichen Sinne kann keine Rede sein. Der Boden besteht aus einer Mischung von Lehm, Schotter und einzelnen größeren Steinbrocken, die aber kaum Halt geben, weil sie sich bei Belastung sofort in Bewegung setzen. Immer wieder hämmere ich mit den Stiefeln in den Boden, um mir ein bißchen Trittfläche zu verschaffen. Mit den Händen versuche ich, mich im Lehm festzukrallen. Wenn ich hier ins Rutschen gerate, dann gute Nacht. Ich fasse wie ein Ertrinkender nach dem ersten stärkeren Zweig eines Busches, der sich mir wie eine rettende Hand entgegengestreckt. Nun sind es nur noch wenige Schritte, und wir haben das angesteuerte Köpfchen erreicht.

Erreicht hat das Köpfchen auch die Sonne mit ihren wärmenden Strahlen. Schwitzend und ausgepumpt geben wir uns ihnen hin. Von Ziegen ist vorerst weit und breit nichts zu sehen. Die kleine Lichtung, auf die wir spekuliert hatten, können wir von hier nicht einsehen. Wir haben zwar einen deutlich erkennbaren Wildwechsel vor uns, der zu dieser Lichtung führen müßte. Auch die Schußentfernung käme gerade hin. Aber trotz längeren Wartens zeigt sich kein weißes Haar. Von unserem Standort aus können wir in eine andere Rinne hineinsehen. Dort tauchen in Abständen immer wieder drei Ziegen im lockeren Waldbestand auf. Aber die Entfernung ist hoffnungslos weit, und es gibt auch keine Chance, näher heranzukommen. Um 15.00 Uhr entschließen wir uns zum Rückmarsch, der mir wie ein Felsblock schwer auf der Seele liegt. Ich verstaue alles an überflüssiger Kleidung im Rucksack und schultere das Gewehr darüber. Den Bergstock schiebe ich an einem Riemen über das Handgelenk, daß er nachschleift. Und nun geht es aufwärts. Meter um Meter. Jetzt im doppelten Kampf, nicht nur gegen den Busch, sondern auch gegen die Höhe. Und dieses Stunde um Stunde. Mir fällt fast das Herz aus dem Hals. Das Blut pocht in den Schläfen. Hände und Arme reißen an den teilweise trokkenen Ästen auf. Aber was hilft's. Hier kann ich ja nicht bleiben. Manchmal sage ich mir: Geprüft und zu leicht befunden. Also Schluß mit der Ziegenjagd und kein nochmaliger Versuch. Du hast ja schließlich Dein Schaf und damit einen 50%igen Jagderfolg. Aber irgendwann haben wir dann auch den Busch hinter uns. Und nun geht es unter Zuhilfenahme des Bergstocks schon leichter bergauf. Wie der rettende Hafen liegt unser kleines Zelt vor uns. Völlig erschöpft lasse ich mich zu Boden fallen.

Doch Zeit zum Ausruhen bleibt uns nicht. In Kürze wird die Dämmerung hereinbrechen, und Paul, unser großer Organisator, schwebt brummend über uns. In einer engen Schleife setzt er zur Landung an, und schon steht er vor uns. Kurzer Bericht und Kriegsrat. Ich werde in die Maschine verfrachtet. Rob bleibt zurück und baut das Zelt ab. Nach wenigen Flugminuten landen wir in einer Senke, unmittelbar unter einem Sattel an zwei kleinen Schmelzwasserseen und einigen Schneeflecken. Von hier aus wollen wir es morgen versuchen. Paul läßt mich allein zurück, um Rob zu holen. Ich gehe vor zum Rand des Kessels, lasse mich nieder und schaue hinaus in den einbrechenden Abend. Aber viel Zeit habe ich nicht. Paul und Rob sind bald zurück, und dann geht es ans Aufstellen des Zeltes. Damit noch nicht genug. Paul startet erneut. Er will einen der drei weiteren Jäger holen, die inzwischen im Hauptcamp eingetroffen sind. Und tatsächlich, im letzten Moment gelingt ihm noch die Landung. Mit ihm erscheint mein neuer Zelt- und Jagdnachbar. Ich bin zu müde, um mir den Namen zu merken. Groß, zu elegant für einen Jäger, breitrandigen Sombrero auf dem Kopf und sehr mitteilsam. Ich krieche in meinen Schlafsack, stecke mir Oropax in die Ohren und ein Schlafmittel in den Mund und drehe mich auf die andere Seite. Nicht höflich, aber sehr wirksam. Um 6.15 Uhr geht es hoch. Wir hocken zu viert im Zelt. Die Lampe haben wir als Wärmequelle angezündet. Rob bereitet uns geröstete Kartoffelstreifen mit Spiegeleiern und Kaffee.

Ein neuer Anlauf

Um 7.00 Uhr brechen wir auf. Paul geht mit mir, Rob mit dem Neuling. Zunächst geht es steil aufwärts. Paul führt keine Waffe mit, was ich mit etwas Erstaunen zur Kenntnis nehme. Nach einer Viertelstunde stellt er fest, daß er auch sein Glas vergessen hat. Aber er meint, es reicht, wenn ich das meine dabeihabe. Von der Höhe aus beobachten wir, wie das andere Jägerpärchen schnurstracks auf ein kleines Rudel Schafwidder zuläuft. Man hat sich beiderseits nicht entdeckt. Die beiden laufen bis auf etwa 30 Meter an das Rudel heran, das, als sie über die Höhe kommen, in wilder Flucht auseinanderstiebt. Aber scheinbar waren es nur jüngere Widder. Nachdem wir den Grat erreicht haben, folgen wir ihm ostwärts und steigen nach einer Weile Richtung Süden über Matten und dann durch den verflixten brush wieder ab.

Für einen Moment können wir von der Höhe aus erkennen, daß zumindest eine Ziege in der jenseitigen steilen Wand der Rinne steht. Aber näheres Ansprechen ist noch nicht möglich. Bevor wir den diesseitigen Rand der Rinne erreichen, lassen wir alles Gepäck zurück. Nur noch meine Waffe, das Glas und den Bergstock habe ich dabei. Vorsichtig, Schritt für Schritt, winden wir uns durch den Busch. Bald schimmert uns zwischen den Zwiegen die jenseitige Wand der Rinne entgegen. Und tatsächlich, uns schräg gegenüber auf gut 300 Meter etwas unterhalb unseres Standortes sitzt uns zugewandt der Billy. Billy und Nanny, wie die Amerikaner liebevoll ihr Ziegenpärchen nennen. Zentimeter für Zentimeter schieben wir uns noch ein wenig vor, bis ich sitzend freies Schußfeld habe.

Mein „Billy"

Ich klemme mir den Bergstock gegen die Knie, so daß ich anstreichen kann. Paul ist einige Schritte weiter nach links gegangen und beobachtet mit meinem Glas. Wir sind gerade so weit auseinander, daß wir Flüsterkontakt halten können. Bei näherer Betrachtung der Lage muß ich doch feststellen, daß es reichlich 350 Meter sind. Wir warten und warten. Ich bin ständig im Anschlag und habe das Wild im Zielfernrohr. Nach etwa 20 Minuten wird die Ziege hoch. Jetzt darf ich mit dem Schuß nicht lange warten, denn unmittelbar vor ihr ist eine Nase, hinter der sie jeden Moment verschwinden kann. Langsam zieht sie darauf zu. Dadurch verändert sie ihre bisher spitze Stellung, ohne aber voll breitzutreten. Es hat keinen Sinn, länger zu warten. Ich muß schießen. Auf den Schuß hin reagiert die Ziege mit einem leichten Einknicken vorne rechts. Ich meine auch deutlich Kugelschlag gehört zu haben. Gleichzeitig wird sie schneller. Der flüchtig hinterhergeworfene Schuß geht darüber hinweg. Ich sehe deutlich den Einschlag der Kugel im aufspritzenden Gestein über dem Wild. Und damit verschwindet die Ziege aus meinem Blickfeld. Paul scheint sie noch zu sehen, hat aber keine Waffe. Kurz entschlossen werfe ich ihm mein Gewehr zu. Er reagiert auch blitzschnell und wirft eine Kugel freihändig hinterher, vermeldet aber Fehlschuß. Auf mehr Schüsse bin ich nicht eingerichtet. Die fünf Reservepatronen liegen im Rucksack. Paul stürzt mit Riesenschritten zurück und entschwindet meinen Blicken.

Nervenprobe

Drüben an der Wand und in der Tiefe unten ist nichts auszumachen. Ich versuche vergeblich, besseren Einblick zu bekommen, aber was sollte ich tun ohne Waffe. Ich steige also den Hang wieder aufwärts. Anstelle von Paul sehe ich oben Rob mit dem anderen deutschen Jäger. Wo kommen denn die her? Ich finde es nicht gut, daß sich hier in dem riesigen Gelände zwei Jagdführer mit ihren Gästen in die Quere laufen. Rob berichtet mir, daß er Paul seine Waffe gegeben habe und dieser der Ziege nachgestiegen sei. Er selbst und sein Gast hätten auf meinen Schuß hin deutlich den Kugelschlag gehört und auch das Zeichnen der Ziege beobachtet. Die beiden verschwinden, um ihre Schafsjagd fortzusetzen. Ich bleibe unruhig und nervös zurück. Nach geraumer Zeit höre ich unten in der Tiefe irgendwo einen einzelnen Schuß. Sollte Paul den Fangschuß gegeben haben? Fast rechne ich damit. Nach endlosem Warten taucht

Paul wieder auf. Er zuckt die Schultern. Er hat nichts gefunden. Den Schuß hatte er blind abgegeben, als er in einer Nebenrinne ein Geräusch zu hören glaubte. Er dachte, mit diesem Schuß das Wild in Bewegung bringen zu können.

Inzwischen hat sich der Himmel verdüstert. Die Berge im Süden liegen in dichten Wolken, die in großen Feldern auf uns zutreiben. Windstöße fahren uns ins Gesicht. Die ersten Regentropfen fallen. Paul nimmt das Gepäck auf. Ich bitte ihn um mein Gewehr. Er schaut mich ratlos an. Hat es Rob mitgenommen?! Daß das nicht der Fall ist, kann ich einwandfrei bestätigen. Und dann beginnt ein großes mehr oder weniger planloses Gesuche, das Suchen nach einer Stecknadel im Heu. Nach einer Stunde stößt Paul tatsächlich auf mein Gewehr, nicht weit von dort, wo wir geschossen haben. Wahrscheinlich hat er es in der Aufregung, als er Rob mit dessen Waffe sah, einfach hingeworfen. Gott sei Dank. Das wäre ein herber Verlust gewesen!

Fliegerabenteuer

Müde und abgeschlagen kriechen wir in jetzt dicht herabströmendem Regen bergauf. Wie am morgen abwärts, arbeiten wir uns durch den Busch. Um ihn jedenfalls teilweise zu umgehen, wählen wir den Weg durch das obere Ende einer Rinne. Wenn das auch körperliche Erleichterung bringt, ist es eine um so größere psychische Erschwernis. Ich fürchte im wahrsten Sinne des Wortes um mein Leben. Als wir aus dem Busch heraus sind, mißt Paul eine erste kleine Wiesenmatte aus und überlegt, ob er hier versuchen soll zu landen. Aber es ist zu riskant. Wir steigen weiter. Oben auf dem Kamm ist ein kleiner Sattel, der bei günstiger Windrichtung, und wenn die Wolken nicht schneller sind als wir, für Landung und Start ausreichen müßte. In aller Eile befestigen wir an meinem Bergstock und an einigen herumstehenden Sträuchern mehrere rote Plastikstreifen, die Paul stets in der Tasche trägt. Sie helfen ihm, die Piste wiederzuerkennen und die Windrichtung auszumachen. Paul verschwindet im Geschwindeschritt Richtung Lager. Wenn er nicht innerhalb einer Stunde zurück ist, so hinterläßt er mir, muß ich zu Fuß alleine folgen. Das würde bedeuten, daß das Wetter keine Flugbewegungen zuläßt. Wir müßten dann im Zelt oben bleiben.

Obwohl schweißdurchnäßt und auch vom Regen schon mehr oder weniger durchweicht, krieche ich in meinen Regenanzug, um so den scharfen, kalten Wind ein wenig von der Haut abzuwehren. Ich hocke mich mitten in den Sattel, lasse das Schütten des Regens über mich ergehen und harre geduldig der Dinge, die da kommen sollen. Nach 50 Minuten ein leises Brummen in den Wolken, die nun schon fast bis in den Sattel hineinreichen. Ich springe auf. Schon ist Paul über mir. Ich gebe ihm durch Handzeichen zu verstehen, wie die Windrichtung ist. Er dreht eine enge Schleife und setzt dann zur Landung an. Es klappt bis auf den Meter. Gemeinsam wenden wir die Maschine. Ich klemme mich hinter ihn, und dann donnern wir in Richtung Südkante. Die Maschine rutscht regelrecht über die Felskante hinweg ins Leere. Aber sie fällt nicht wie ein Stein abwärts, wie man fast hätte fürchten können, sondern gleitet sanft hinaus.

Gefunden

Noch aber wollen wir nicht im Direktflug zum Hauptcamp, sondern versuchen, Einblick in unsere Rinne zu bekommen. Paul zieht die Maschine herum und führt sie im Senkflug in die Rinne hinein. Wenden ist hier unmöglich. Er muß sie rechtzeitig wieder hochziehen, um zwischen den steilen Wänden das Freie zu erreichen. Eine halsbrecherische Angelegenheit. Und tatsächlich, wir sehen sie im gleichen Moment. Tief unter uns auf einem kleinen Felsvorsprung liegt verendet der Billy. Wir beide jubeln laut und klopfen uns gegenseitig auf Arme und Schultern. Unsere Begeisterung ist so groß, daß das Maschinchen zu wackeln anfängt. Aber schnell hat Paul es wieder in der Hand. Steil ziehen wir aufwärts, machen eine enge Wende und fliegen zurück, noch einmal tiefer über den Wildkörper hinweg. Und dann geht es in direktem Anflug zurück zum Hauptlager.

Als wir nach der Landung zurückblicken, ist von den Bergen nichts mehr zu sehen. Ein nochmaliges Einsteigen in die Wand, auch mit Hilfe weiterer Guides, zur Bergung der Ziege ist bei diesem Wetter heute unmöglich. Immerhin ist es inzwischen auch etwa 17.00 Uhr geworden. D. h. früheste Möglichkeit der Bergung morgen vormittag, vorausgesetzt, daß es das Wetter zuläßt. Und damit ergibt sich die bange Frage nach dem Schicksal der Ziege. Ein Bär oder Wolf hat zu dieser Wand wohl keinen Zugang. Paul meint, die müßten ggf. schon einen Bergstock haben. Raben und andere Raubvögel dagegen sind eine echte Gefahr, und kritisch wird es auch für die Decke, je länger das Wild unaufgebrochen liegt. Aber wir können nichts tun.

Alles leidet unter dem Wetter

Die beiden anderen deutschen Jäger sind noch im Lager und werden abends ausgeflogen, aber in Richtung Osten, wo das Wetter etwas besser ist: Erich und Sepp kommen zurück. Sepp hat gestern im letzten Büchsenlicht eine gute Nanny geschossen. Eine Rückkehr zum Außencamp war bei einbrechender Dunkelheit ebensowenig möglich wie ein weiterer Abstieg zum Hauptcamp. Ihnen blieb also nichts anderes übrig, als bei offenem Feuer im Freien zu übernachten und sich abwechselnd mit der Decke der Ziege gegen die Kälte zu schützen. Heute mittag mußten sie dann nackt durch den eiskalten Fluß waten, an dessen anderem Ufer sie John mit der Cessna abholte.

Wir drei genießen erst einmal ein gründliches, heißes Bad. Ich reinige dann meine restlos verdreckte Waffe. Sie sieht aus, als wäre sie aus einem Schlammbad gezogen. In Führigkeit und Schußleistung hat sie sich hervorragend bewährt. Gegen Abend kommt Besuch, zwei amerikanische Freunde von John auf dem Weg zum Fischen. Natürlich mit eigener Maschine. Vater und Sohn. Der Vater ist Linienflugkapitän. Zum Essen gibt es Huhn, Ziege von Sepp, zahlreiche Gemüseaufläufe und viel Kuchen. Zum ersten Mal vor dem Essen genehmige ich mir einen großen Schluck Whisky, der die nötige Wärme auch von innen wieder herstellt. Um 21.30 Uhr liege ich im Bett, matt, aber doch glücklich, wenn auch in Sorge um meine Ziege oben im Berg.

Um 8.15 Uhr Aufstehen nach guter Nacht. Draußen empfängt uns ein befleckter Himmel, im wesentlichen grau, aber doch mit einigen blauen Tupfern darin.

Gleich nach dem Frühstück startet Paul zu einem Erkundungsflug in Richtung Billy. Er will feststellen, ob es möglich ist, irgendwo unterhalb des Standortes zu landen, um schneller und evtl. auch leichter an die Ziege heranzukommen. Schon nach kurzer Zeit ist er zurück. Hohe Windgeschwindigkeiten unter den Steilwänden lassen eine Landung dort nicht zu. Er muß also dort einfliegen, wo wir am Jagdtag unser Außencamp eingerichtet hatten, von dort aus denselben Weg nehmen, den wir bis zur Rinne gegangen sind, um dann zu dem verendeten Wild abzusteigen. Natürlich möchte ich mich beteiligen, aber Paul winkt ab. Noch nicht einmal einen der anderen Guides will er dabeihaben. Er meint, daß er sich selbst schon genug sei in dieser extrem schwierigen Situation. Er packt alles ein, was für eine problematische Klettertour notwendig werden kann: mehrere Seile, Pickel, Hammer, Felsnägel mit Ösen, schwere Kletterstiefel, Sturzhelm und Transportgerät. John fliegt ihn ein.

Sepp und Erich bereiten sich auf das nächste Ausfliegen in die Außencamps vor, das für den Nachmittag vorgesehen ist. Sepp hat noch sein Schaf zu schießen, Erich die Ziege. Gernot scheint seine Ziege bisher nicht geschossen zu haben, denn Paul brachte, bevor er zu seiner Bergungsaktion startete, einen Teil des Gepäcks mit.

Den Tag über verbringe ich in gespannter Unruhe. Ich nutze die Zeit, um ein wenig Wäsche zu waschen und mein Regenzeug wieder zu reinigen. Unruhig laufe ich in der für Spaziergänge ja begrenzten Umgebung herum, hin und her auf dem Flugfeld, bis zum Fluß und am Waldrand entlang. Der Himmel bezieht sich immer mehr. Hoffentlich hat Paul oben im Berg keine Probleme.

Gegen 15.00 Uhr – es regnet inzwischen in Strömen – startet John mit der Super Cup, um Ausschau nach Paul zu halten. Als er zurückkommt, berichtet er, daß er Paul am Seil hängend unterhalb von zwei Wasserfällen gesehen habe. Er müßte noch drei weitere Wasserfälle durchsteigen. Er ist also auf dem Weg nach unten. Das bedeutet, daß er zu allem Überfluß auch noch den River durchqueren muß. Auf der anderen Seite wird John ihn dann mit dem Flugzeug aufnehmen. Aber das bedeutet, noch einmal drei Stunden zu warten. Und dieses Warten geht allmählich auf die Nerven.

Glückliche Erlösung

Um 17.30 Uhr startet John erneut, und tatsächlich landet er um 18.30 mit einem zwar deutlich von Anstrengungen gezeichneten, aber doch immer noch fröhlichen Paul. Er hat nicht nur fünf Wasserfälle durchklettern müssen. Die Seile waren zu kurz. Er hat sie deshalb nicht, wie beim Bergsteigen üblich doppelt durch Schlaufen ziehen und dann nachholen können. Er mußte sie in voller Länge oben anknoten und sich an dem einfachen und dadurch verlängerten Seil herunterlassen. Auch das reichte noch nicht aus, so daß er in einem Fall sich vom Ende des Seils etwa zwei Meter tief an der Wand entlang auf ein schmales Felsband herunterfallen lassen mußte. Das Seil mußte er jeweils verlorengeben. Der Weg abwärts war also ein Zwangsweg. Hinauf ging es in keinem Falle wieder. Er erreichte die Ziege um 13.00 Uhr, also 28 Stunden nach dem Schuß. Die Kugel hatte tief Blatt gesessen und die Leber zerfetzt. Die Ziege mußte also, kurz nachdem sie unseren Blicken entschwunden war, verendet sein. Das Wildbret war nicht mehr verwertbar. Die Kolkraben hatten an den Lichtern und am Ausschuß schon begonnen, ihren Anteil an der Beute zu nehmen.

Mit einem Schalk in den Augen sagte Paul, als er der Maschine entstieg: „Wir haben uns geirrt, der Billy hatte doch nur geschlafen." Aber dann zog er Haupt und Decke aus seinem Rucksack. Und was für ein Billy lag da vor uns! John behauptete spontan, daß eine so kapitale Ziege in den 25 Jahren seines Jagens in der McColl Ridge nicht zur Strecke gekommen sei. Und dieses Glück mußte ausgerechnet mir widerfahren.

Das letzte Erlebnis, das Tüpfelchen auf dem I, fehlt, wenn man nicht selbst an das Stück herantreten kann, dort wo man es gestreckt hat.

Der unermüdliche Paul startet noch einmal in die Berge, um Erich und Sepp in die Außenlager zu bringen und Gernot zurückzuholen. John macht sich in Sorge um die Decke meiner Ziege gleich an die Reinigung. Die Ränder schillern an einigen Stellen leicht grünlich und verlieren dort auch etwas die Haare. Auch der Geruch ist nicht gerade appetitlich. Trotzdem meint John nach dem Säubern, sich zu 90 % sicher zu sein, daß sich die Decke zur Präparation eignet. Damit ist für mich die Entscheidung über den Zeitplan gefallen. Ich muß so schnell wie möglich nach Anchorage, um die Decke dort beim Präparator abzugeben, damit sie sofort in fachmännische Behandlung kommt, denn die Zeit nach Hause würde sie auch in gesalzenem Zustand kaum überstehen. Das bedeutet natürlich, daß ich dann beide Trophäen in Anchorage zurücklasse und morgen von hier abfliege.

Bei schon fast völliger Dunkelheit erscheint Paul mit Gernot. Mit der Ziege hat er es nicht mehr geschafft. Dafür hat er aber einen steinalten Schwarzbären geschossen.

Aufstehen um 7.45 Uhr. Nach dem Frühstück heißt es packen. Wie schon am Abend vorher versuchen wir Kontakt mit Frau Trautmann über das Funktelefon zu bekommen. Aber die atmosphärischen Störungen sind so stark, daß wir beim Operator nur eine Nachricht hinterlassen können. Draußen gießt es wieder in Strömen.

Nach einem herzlichen Abschied von der ganzen Crew starten John und Ellinore um 11.00 Uhr mit Gernot und mir mit der Beaver. In Chitina bekommen wir Telefonverbindung mit Frau Trautmann und kündigen uns für 18.00 Uhr im „Captain Cook" an. Natürlich frage ich als erstes nach einer vorzeitigen Umbuchung für den Rückflug. Frau Trautmann hat sich schon informiert, aber die Aussichten stehen schlecht.

Wir laden unser Gepäck vom Flugzeug in einen nagelneuen, geräumigen Caravan um, mit dem uns Ellinore nun Richtung Anchorage steuert. John kehrt mit der Beaver ins Hauptlager zurück. Die Fahrt ist schön, weitgehend Sonne, gelegentlich einmal ein Schauer, aber recht kühl. Die Strecke über Glennellen-Palmer bin ich schon 1979 mit Hans gefahren. Einige Male unterbrechen wir. Zunächst für einen Cheeseburger, damit der Magen nicht zu tief hängt. Dann halten wir bei Fish and Game, um unsere Trophäen anzumelden; und schließlich trinken wir eine Tasse Kaffee.

Und wieder in Anchorage

Punkt 18.00 Uhr fahren wir am „Captain Cook“ vor: Frau Trautmann wartet schon. Eine schlechte Nachricht: Eine Umbuchung vor dem o. k.-Termin am 8. September ist nicht möglich. Der einzige frühere Flug am Sonntag ist bereits überbucht. Ich muß mich also auf drei volle Wartetage in Anchorage einrichten, und das sind noch Feiertage, nämlich Sonnabend, Sonntag und der Montag, der in den USA Labor-Day ist. Das wird teuer und langweilig.

Aber auch diese Zeit wird überbrückt. Die Versorgung der Trophäen beim Taxidermisten bedarf in diesem Falle besonderer Sorgfalt. Trotz wiederholten Aufenthalts in Anchorage läßt sich noch manches nacharbeiten und intensivieren. Gastronomisch erwähnenswert ist z. B. das Restaurant „Elevation '92“. Das städtische Museum ist eine nie versiegende Fundgrube. Neue Geschäfte sind entstanden, alte haben ihr Angebot erweitert. Und die gepflegte Atmosphäre des „Captain Cook“ bietet einen wohltuenden Übergang vom Lagerleben zur Zivilisation.

Das lebhafte Kommen und Gehen der Weidgenossen gerade in diesem Umfeld und zu dieser Zeit gibt immer wieder Gelegenheit zum Kennenlernen und zum Austausch von Erlebnissen und Erfahrungen – guten wie schlechten. Eine der schlechten verdient es um des Erfahrungswertes willen festgehalten zu werden.

Einmal anders

Zwei bayerische Jäger berichten mir folgende Story.

Ursprünglich hatten sie ein Arrangement über Frau Trautmann gebucht. In einer deutschen Jagdzeitschrift fanden sie ein entsprechendes Inserat, das preisgünstiger erschien. Wie sich später herausstellte, war es von einem Agenten aufgegeben, der lediglich über europäische Erfahrungen verfügte und es einfach einmal mit Alaska versuchen wolle. Dort hatte er einen ihm bekannten Verbindungsmann, der wiederum einen Guide mexikanischer Abstammung unter Vertrag hatte. Als die beiden Jäger dann am Bestimmungsort in der Nähe von Fort Yukon ankamen, warteten sie zunächst vergeblich auf den Guide. Als er mit Tagen Verspätung doch erschien, wollte er sie allein über eine Entfernung von 15 Kilometern auf eine Caribouherde loslassen. Als das unter Hinweis auf die Gesetzwidrigkeit solchen Tuns abgelehnt wurde, erklärte dieser Bursche, nun seien die beiden deutschen Jäger vertragsbrüchig geworden und setzte sich ab. Und da standen die beiden Geprellten. Geld weg (3000 $ Anzahlung), keine Jagd. Für die Rückkehr mußten sie selbst sorgen. Und nun sitzen sie hier im Hotel und warten auf den Rückflug nach Deutschland am Montag. Subtile Reisevorbereitung, seriöse Partner, zuverlässige Referenzen – das ist das A und O der Voraussetzungen für ein derartiges Unternehmen.

Bilanz

Am Ende einer solchen Reise versucht man, Bilanz zu ziehen und zu vergleichen mit früheren entsprechenden Erlebnissen. Landschaft, Tierwelt und jägerisches Erleben waren wieder ausfüllend, atemberaubend und einzig in ihrer Art. Die Organisation war absolut mängelfrei – vielleicht ein wenig zu perfekt. Der Komfort des Hauptcamps, der Einsatz von Technik, insbesondere im Transportbereich, erreichte die Grenze dessen, was für mein Verständnis noch naturverträglich ist. Und trotzdem liegt das alles im Niveau natürlich noch weit unter dem, was wir deutschen Jäger von unseren heimischen Revieren her gewohnt sind, in denen uns der PKW vom Bett zum Hochsitz transportiert. Auch die „Masse" Mensch – sieben Betreuer und bis zu sieben Jäger – war für mich als Einzelgänger schon viel. Aber was heißt das auf 30.000 ha? Und im übrigen: Hätte ich es bei meiner Kondition auf andere Weise überhaupt geschafft?

So soll diese Nachlese auch in keiner Weise eine Bewertung sein, sondern nur nochmal einige Tatbestände aufzeigen, die für denjenigen, der das Abenteuer Alaska sucht, von Bedeutung sein können.

Ich verlasse dieses Land mit dem gleichen Vorsatz, wie ich es immer verlassen habe: Ich möchte wiederkommen.

Anhang

A. LITERATURVERZEICHNIS

ARMAND, : Amerikanische Jagd- und Reiseabenteuer. München.

BAXTER, : Reiseführer Alaska. Alexandria. 1981.

BERBERICH, ANDREAS: Bären, Elche, weiße Schafe. Melsungen, 1986.

BERGEN, HANS v.: Jagdfahrten in Kanada und Alaska. Neudamm, 1928.

BLAUPOT TEN CATE, STEVEN JAN: Jagd und Wildschutz im Norden Amerikas. Hamburg und Berlin, 1977.

BODEN, JÜRGEN F.: Alaska und der Yukon. Frankfurt, 1983.

BOHN, KURT: Erlebte Wildnis. Stuttgart, 1981.

BROWN, DALE: Alaska, Time-Life-Bücher. Amsterdam, 1978.

BRUCKS, HARRY: Jagdurlaub in Amerika – mit Pick-up und Pony. Hannover, 1982.

CROPP, WOLF-ULRICH: Alaskafieber. München und Wien, 1983.

DROSTE ZU FISCHERING, ERPO, FREIHERR: Mit dem Jäger um die Welt. Hamburg, 1985.

DÜESBERG, GERD: Zur Wildnis ferner Wälder. Gießen, 1938.

DUFRESNE, FRANK: Die große Bärenstory. München, 1968.

ECKL, WALTER: Mit Büchse und Kamera in drei Kontinenten. Selbstverlag, 1976.

ENGEL, ELMAR: Kanada Klassik
- Von den Rockies zur Arktis;
- Wildes, unbekanntes Labrador;
- Blockhaus am Fluß der Stachelschweine;
- Nördlich von nirgendwo. Herford, 1989.

ENGEL/KIEMLE: Abenteuer-Almanach Yukon Alaska, Frankfurt/Main, 1981.

EIPPER, PAUL: 100 Tage in den Rocky Mountains. München, 1958.

GIAMPIETRO, SEPP DE: Auf Bärenjagd in Alaska. Eigenverlag.

GOHL, HEINRICH: Alaska. München, Wien und Basel, 1970.

GRIZIMEK, BERNHARD: Vom Grizzlybär zur Brillenschlange. München.

HAAN DE, WOLFGANG: Abenteuer Jagd. Rendsburg, 1984.

HALBAN, GEORGE: Unternehmen Alaska-Pipeline. München, 1978.

Haltenorth, Th. und Trense, W.: Das Großwild der Erde und seine Trophäen. Bonn, München, Wien, 1956.
Hannig, Wilhelm: 216 Tage arktische Jagd. München, 1973.
Heft, Helmut P.: Bärenjahre. Stuttgart, 1985.
Heye, Artur: Im letzten Westen. Zürich und Leipzig, 1939.
Hinsche, Max: Kanada wirklich erlebt. Melsungen, 1988.
Hinsche, Max: Kanada wirklich erlebt. Teil II. Melsungen, 1989.
Hoensbroech, Lothar Graf von und zu: Jagdtage und Nordlichtnächte. München, 1950.
Hofmann, Arno W.: Wanderjäger aus Herzenslust. Hamburg und Berlin, 1974.
Hogrebe, Johannes K.: Abenteuer der Wildnis. Hamburg und Berlin, 1977.
Hogrebe, Johannes K.: Auf Fahrten und Fährten. Berlin, 1973.
Hogrebe, Johannes K.: Der Trapper vom Ghostriver. Hamburg und Berlin, 1975.
Hogrebe, Johannes K.: Im Paradies der Jäger und Fischer. Berlin, 1973.
Hogrebe, Johannes K.: In urigen Wäldern und auf einsamen Seen. Berlin, 1972.
Holzworth, John M.: The wild Grizzlies of Alaska. New York, 1930.
Huttel, Hermann: Weltjagd heute. Berlin, 1966.
Kalchreuter, Heribert: Zurück in die Wildnis. Hamburg, Berlin, 1990.
Kaniut, Larry (Hrsg.): Alaska Bear Tales. Anchorage, 1983.
Köhr, Berthold: Auf der Fährte des grauen Wolfes. Wiesbaden, 1985.
Köhr, Berthold: Indianersommer. Melsungen, 1988.
Kwaterowski, Paul: Jagen unterm Nordlicht. Hamburg und Berlin, 1975.
Kwaterowski, Paul: Fährten unterm Nordlicht. Hamburg und Berlin, 1981.
Lechner, Egon J.: Jagd international. Ostfildern, 1984.
Lechner, Egon: Jagdparadiese in aller Welt. München, 1989.
London, Jack: In den Wäldern des Nordens. Berlin, 1926.
London, Jack: Lockruf des Goldes. Berlin.
Mehrhardt-Ihlow, C.: Auf Bummel und Pirsch in Canada. Berlin, 1931.
Mehrhardt-Ihlow, C.: Kanadisches Scherzo. Hamburg und Berlin, 1957.
Meissner, Hans-Otto: Alaska. München, 1978.
Meissner, Hans-Otto: Bezaubernde Wildnis. Stuttgart, 1975.
Meissner, Hans-Otto: Die überlistete Wildnis. München, Gütersloh und Wien, 1974.
Meissner, Hans-Otto: In Alaska bin ich Zar. Stuttgart, 1967.
Meissner, Hans-Otto: Wildes rauhes Land. München, Gütersloh und Wien, 1974.
Menges, Dietrich Wilhelm v.: Reisen, Reiten, Jagen. Stuttgart, 1982.

Messany, Albert: Auf Bergwild in den Rocky Mountains. Wien, 1941.
Michel, Heijo: Vom Nordlicht bis zum Kreuz des Südens. Duisburg, 1979.
Michel, Heijo: Arktis – Traum oder Hölle? Mülheim, 1984.
Michener, James, A.: Alaska. Düsseldorf, Wien und New York, 1989.
Niedieck, Paul: Mit der Büchse in fünf Weltteilen. Berlin, 1921.
Oberländer, Ph. v.: Jagdfahrten in Nordamerika. Wien, 1911.
Opel, Georg v.: In allen fünf Erdteilen. Hamburg und Berlin, 1966.
Otto, Max: In kanadischer Wildnis. Berlin, 1924.
Pelzl, Herbert/Sieren, Fritz: Immer lockt die Wildnis. Hannover, 1990.
Pfetten, Hermann, Freiherr v.: Wohin mein Jägerherz mich führte. Hamburg und Berlin, 1977.
Pinkerton, Kathrene: Einsames Blockhaus. Stuttgart, 1982.
Polke, Hanns: Stunde des Jägers, Hamburg, Berlin, 1991.
Portmann, Jochen: Heimliche Böcke, uriges Wild. Hamburg und Berlin, 1984.
Prante, Henry E.: Kanadisches Jagdabenteuer. Hamburg und Berlin, 1984.
Rehfust, Carl (Pseudonym: Oberländer): In arktischer Wildnis. München, 1941.
Reichel, Helmuth: Auf hoher Pirsch in weiter Welt. Graz und Stuttgart, 1987.
Robert, Wolfgang: Jagen, ein Abenteuer unserer Zeit. Melsungen, 1982.
Robert, Wolfgang: Jagen im Land der 1000 Abenteuer. Melsungen, 1985.
Rouquette, Louis-Frédéric: Im Reich des großen Schweigens. Wien, 1924.
Schade, Klaus Henning: Allein bis ans Ende der Straßen. Unternehmen Trans-Amerika. Itzehoe, 1981.
Schäfer, Max: Alaska. Würzburg, 1982.
Schwarz, Rüdiger: Die Erinnerung lebt. Hamburg, 1965.
Schwerin, Woldemar Graf von: Berge der Verheißung. Berlin, 1935.
Shiras, George: Hunting Wild Life with camera and flashlight – 2 Bände, Washington, 1935.
Skal, Ottokar, J. Jagdparadies Alaska. Graz und Stuttgart, 1982.
Stanley, David: Westkanada- und Alaska-Handbuch. Bremen, 1983.
Stauch/Müller: Alaska und Yukon. Schwäbisch Gmünd, 1982.
Steller, Georg Wilhelm: Von Sibirien nach Amerika. Stuttgart/Wien, 1986.
Stricker, Jakob: Erlebnisse eines Schweizers in Kanada. Zürich, 1935.
Szechenyi, Sigmund: Alaska. München, Bonn und Wien, 1959.
Tiling, Markus: Alaska Handbuch. Kiel, 1981.
Tornow, A.-W.: Erfülltes Jägerleben. Melsungen, 1987.
Tobber, Hans: Hütten im kanadischen Busch. Hamburg und Berlin, 1965.

USPENSKI, SAWWA: Durch Alaska. Leipzig, 1980.
VARIGAS, FRANÇOIS: Durch die weiße Hölle. Herford, 1986.
WASTMANN, ERICH: Isbjörn, Wo Männer und Eisbären sich begegnen. Radebeul und Berlin, 1955.
WEIGELT, HEINZ K.: Jagd in Kanada und Alaska. Hannover, 1983.
WEIGELT, HEINZ K.: Als Jagdführer in Kanada. Melsungen, 1988.
WEISKER, REGINA UND HARALD: Alaska. Göttingen, 1985.
WEYER, HELFRIED: Alaska, Pipeline. Abenteuer auf 70 Grad Nord, Karlsruhe, 1980.
WHEELER, KEITH: Die Besiedelung Alaskas. Time-Life Bücher. Amsterdam, 1980.
WILLIAMS, A. BRIYAN: Auf Hochwild in Canada. Berlin, 1932.
WOEBCKE, MANFRED: Alaska, Kanada. Wiesbaden, 1981.
WURMBRAND, DEGENHARD GRAF: Herren der Wildnis. Berlin, 1936.

MAGAZINE UND ZEITSCHRIFTEN:

Alaska Geografic Society
Box 4 – EEE
Anchorage, Alaska, 99509

Alaska Hunting Guide
Alaska Northwest
Publishing Companie, Anchorage, Alaska, 99509

Alaska, the magazine of Life
on the last Frontier
Alaska Northwest Publishing Companie
Anchorage, Alaska, 99509

The Milepost
Alaska Northwest Publishing Companie
Anchorage, Alaska, 99509

B. AUSRÜSTUNG UND FORMALITÄTEN FÜR ALASKA

Die wichtigste Entscheidung bei der Zusammenstellung der Ausrüstung ist natürlich die Wahl der richtigen Waffe. Ich habe drüben mit drei verschiedenen Büchsen gejagt, und zwar mit einer Ferlacher Doppelbüchse im Kaliber 9,3×74 R, der Sauer 80 und der Blaser Repetierbüchse, beide im Kaliber 300 Weath. magnum. Die Präferenz gebe ich eindeutig der Blaser. Sie ist für meinen Geschmack in diesem Kaliber die ideale Waffe für Alaska. Das Sicherungssystem läßt es zu, die Waffe in geladenem Zustand stets schußbereit zu haben. Die Waffe ist im Vergleich zu anderen Repetierbüchsen auch in diesem Kaliber noch relativ leicht. Sie ist ohne Verlust an Schußpräzision und Reichweite verhältnismäßig kurz. Sie läßt sich zerlegen, was sowohl beim Flug im Reisegepäck als auch bei schwierigen Pirschen im Gelände seinen beachtlichen Vorteil hat. Glaubt man wirklich, mehrere Kaliber zu benötigen, hat man die Möglichkeit, Wechselläufe zu führen. Das ist allerdings eine Überlegung, die in Alaska kaum angestellt zu werden braucht. Die Patrone 300 Weath. magnum ist mit der richtigen Pulverladung stark genug, um jeden Bären stoppen und jeden Elch auf die Stelle bannen zu können. Die Rasanz ist so groß, daß man bedenkenlos über Distanzen von etwa 300 Metern schießen kann, und vor dieser Alternative steht man verhältnismäßig häufig.

Bei der Patronenausrüstung ist zweierlei zu bedenken. Gängige amerikanische Kaliber wie auch meine 300 Weath. magnum sind drüben in jedem Drugstore an der Straße zu bekommen, deutsche wie die 9,3 natürlich nirgends. Außerdem muß man davon ausgehen, daß alle Waffen an Ort und Stelle neu und exakt eingeschossen werden müssen. Der Transport kann Veränderungen in der Treffpunktlage zur Folge haben, ebenso wie die Höhenlage über dem Meeresspiegel. Die erforderlichen Schußentfernungen sind zu berücksichtigen. Zu bedenken ist ferner, daß auch während des Gebrauchs an Ort und Stelle Veränderungen in der Treffpunktlage auftreten können. Das Führen der Waffe im unwegsamen Gelände und der Transport beim Reiten bergen dieses Risiko ständig in sich. 40 Patronen pro Waffe sollten die Mindestausrüstung sein.

Zur Zeit meiner Reisen konnten drei Langwaffen und bis zu 1000 Schuß Munition in die USA eingeführt werden. Waffen und Munition mußten in getrennten Behältnissen als Reisegepäck aufgegeben werden.

Wichtig ist die Optik. Mir scheint als ideal das Fernglas Zeiss 10 × 40. Es ist nicht zu groß und nicht zu schwer. Es ist noch aus freier Hand und auch aus dem Sattel heraus einsetzbar. Hohe Dämmerungsleistung wird nicht benötigt.

Als Zielfernrohr ist in jedem Falle ein variables Glas, etwa von Zeiss oder Swarovski, ideal, das für weite Schüsse eine ausreichende Vergrößerung hergeben und zugleich bei kleinster Vergrößerung den Schuß auf kurze Entfernung, beispielsweise auf den zustehenden Elch oder den plötzlich aus dem Unterwuchs auftauchenden Bären, zuläßt. Auch der meist plötzlich erforderlich werdende Schuß auf flüchtiges Wild ist nur bei kleiner Vergrößerung einigermaßen sicher loszuwerden. Bei alledem sollte man sich dessen bewußt sein, daß in alaskanischer Wildnis nur selten die Möglichkeit zur Abgabe eines Schusses mit angestrichener oder gar aufgelegter Waffe gegeben ist. Schneller, freihändiger Schuß auf häufig in Bewegung befindliches Wild ist die Regel. Deshalb sollte es für den künftigen Alaska-Jäger auch ein Anliegen sein, sich in dieser Disziplin rechtzeitig vor Antritt der Reise zu üben. Im Garten gelegentlich mal eine halbe Stunde mit einer schweren Luftbüchse bringt einiges.

Als Jagdmesser sollte man sich auf ein Klappmesser mit feststellbarer Klinge beschränken. Derartige Messer gibt es in Anchorage zum halben Preis wie bei uns in erstklassigen Ausführungen und großer Auswahl. Jeder Alaskaner trägt sie im Lederetui am Hosengurt. Viele Alaska-Jäger führen ein leichtes, handliches Beil am Gürtel mit sich; außerordentlich praktisch in dem oft dichten Busch und letztlich auch eine wirkungsvolle Waffe.

Für mich als Flachlandjäger mit gelegentlicher Bergpraxis im europäischen Alpenraum ist ein ganz wichtiges Ausrüstungsstück der zerlegbare Bergstock, den man gerade noch im Waffenkoffer unterbringt. In steilen, weg- und steglosen Geröll- und Schotterpartien wäre ich besonders beim Abstieg ohne ihn ziemlich hilflos gewesen.

Nicht mehr ganz unbekannt ist drüben unser guter alter deutscher Rucksack. Auch auf einer solchen Jagd würde ich nie auf ihn verzichten wollen. Da nur ganztätig gejagt wird, gilt es, neben Regenzeug, Pullover, Lunchpaket etc. manches mitzunehmen. Beim Reiten schnallt man den Rucksack hinter den Sattel. Für denjenigen, der schwere Lasten tragen muß, ist das bei alaskanischen Guides übliche Packboard ideal, ein aus Gurten und Holzlatten bestehendes Traggestell.

Nicht zu vergessen ist das Futteral für das Zielfernrohr mit Umhängeriemen. Beim Reiten befestigt man es am Sattelknauf und hat so den best- und schnellstmöglichen Zugriff.

Für Zielfernrohr und Fernglas sollten Objektiv-Schutz gegen Nässe und Stoß ebensowenig vergessen werden wie Mündungsschoner für dic Waffen. Nützlich sind einige Plastikbeutel, die für alles Mögliche Verwendung finden können.

Sehr praktisch ist ein aufblasbares Gummisitzkissen. Putzzeug für Waffen und Schuhe muß natürlich dabei sein. Der Gewehrkoffer sollte zusätzlich mit zwei derben Schnallenriemen gesichert werden. Eine Katastrophe, wenn beim Transport Scharniere oder Schlösser des Gewehrkoffers beschädigt werden.

Nützlich ist eine kleine Taschenlampe zum Zurechtfinden nachts im Lager und im Zelt. Meist kommt man auch erst bei Dunkelheit von der Tagespirsch zurück.

Gepäckschlüssel, Schecks und Geld sollten im Brustbeutel oder im Gürtel mit Geldfach untergebracht sein.

Keinesfalls darf eine durable Sonnenbrille fehlen und bei Brillenträgern nicht das zweite Augenglas. Die Uhr sollte stoß- und wasserfest und mit Leuchtziffern ausgerüstet sein.

Ein wichtiger Gegenstand ist der Schlafsack. Man sollte sich ihn deshalb auch auf jeden Fall von zu Hause mitnehmen. Das Beste ist gerade gut genug: Doppelte Reißverschlüsse, Kapuze, keine Ärmel, gute Daunen. Besteht die Notwendigkeit, ohne Zelt im Freien übernachten zu müssen, gehören wasserdichter Überzug und Unterlage dazu. Auch sollte man nicht auf einen waschbaren Einzieh-Schlafsack verzichten. Sehr praktisch ist der sogenannte Jugendherbergsschlafsack, den man für etwa 20,– DM bei uns in jedem Sportgeschäft bekommt.

Kleidungsmäßig muß man auf jede Art von Wetter eingerichtet

sein. Schon im August kann man neben Regen und Nebel auch von Schnee und Frost überrascht werden. Die Wetterumschläge sind meist sehr plötzlich. Die Wetterlage morgens beim Aufbruch besagt überhaupt nichts für den Tagesverlauf.

Wichtig ist in erster Linie wetter- und bodengerechtes Schuhzeug. Unverzichtbar sind wadenhohe Gummistiefel und ein bequemer Schuh – Turnschuh – fürs Lager. Jagt man im Gebirge, gehört ein derber Bergschuh mit griffiger Profilsohle dazu. Ich empfehle auch hier einen längeren Schaft, etwa bis zum Wadenansatz. Berg- und Pirschpfade wie bei uns gibt es nicht. Die Pirsch führt über oft steiles Gelände mit lockerem Schotter, übersät mit Felsbrocken jeder Größe. Oft wird in steilen Bachbetten, die voller Geröll liegen, auf- und abgestiegen. Je nach Wetterlage ist das Gestein naß und höllisch glatt. Nur der hohe, festgeschnürte Schaft sichert vor Knöchelbrüchen und Zerrungen. Noch günstiger ist ein zweites Paar Bergstiefel mit fest angeschraubten Eisenstollen, die vor allem bei Schnee und Eis vor Abgleiten schützen. Für die Pirsch in nicht bergigem Gelände ist am günstigsten ein auch bis zum Wadenansatz reichender leichter Schnürstiefel mit griffigen Sohlen. An Ort und Stelle bekommt man sehr zweckmäßige leichte Schnürstiefel mit Gummifuß und Lederschaft. Wer in sumpfigem Gelände mit viel Wasser pirscht, braucht Gummihüftstiefel; am besten ist der bei uns erhältliche französische Hüftstiefel von Aigle mit rutschfesten Sohlen.

Regenbekleidung gibt es heute in hervorragendem Material, das absolut nässeundurchlässig und trotzdem luftdurchlässig ist, so daß zu starkes Schwitzen vermieden wird. Ich habe die besten Erfahrungen mit Latzhosen und langer Jacke gemacht, die mit Kapuze ausgerüstet ist. Die Hosen müssen weit geschnitten und in den Beinen am besten mit Klettverschlüssen versehen sein. So verhindert man, wenn man sie über die Gummistiefel zieht, das Eindringen von Wasser, insbesondere beim Reiten.

Wichtig sind wasserdichte Gamaschen, die man über die Schnürstiefel, bei Gummistiefeln über die Knie zieht. Auch bei gutem Wetter ist der Bodenbewuchs, zumindest am Morgen, naß. Dieser Bewuchs ist in der Regel sehr hoch. Selbst zu Pferde ist man schnell bis zu den Oberschenkeln durchnäßt.

Beste Überkleidung ist ein derber Parka mit ausknöpfbarem Teddy- oder Daunenfutter. Ausgezeichnet auch die leichten und trotzdem wärmenden Jacken in Goretex-Ausführung. Das Material muß nässeabweisend sein. Ungeachtet dessen sprühe man es vorher gründlich ein.

Für eine besonders günstige Kombination als Oberbekleidung halte ich derbe Flanelloberhemden – oder die sehr praktischen alaskanischen Holzfällerjacken – mit einer Daunensteppweste. Zusätzlich im Rucksack noch eine Strickjacke. Man läuft und steigt so am leichtesten und kann sich Wärme und Kälte am besten ohne viel Umziehen anpassen. Nur bei der Rast habe ich die Strickjacke gebraucht.

Ich empfehle auf jeden Fall drei Hosen. Eine leichtere lange Hose, sie kann an warmen Tagen und auch im Lager getragen werden; Segeltuchhosen oder Jeans haben sich bewährt. Dazu sollten zwei lange feste Lodenhosen kommen; am Knöchel schließbar, Nierenschutz, doppelter Hosenbund, viele Taschen, vor allem Schenkeltaschen. Bundhosen sind drüben nicht praktisch; die Waden sind nicht ausreichend gegen Kälte, Nässe, Mücken und Stöße geschützt. Auch von Lederhosen ist abzuraten.

Wichtig sind Handschuhe – zwei Paar, warm und nässeabweisend. Ein ganzer Tag bei Schneeregen im Sattel, eisige, erstarrte Finger, und dann plötzlich vor einem das langersehnte Wild!

Drei Kopfbedeckungen empfehle ich: Eine leichte Kappe oder Hut, eine warme Strickmütze über die Ohren reichend und einen Regenhut, am besten Südwester.

Rechtzeitig vor Reiseantritt sollte man sich ärztlich gründlich untersuchen lassen. Unabhängig davon ist eine sorgfältig zusammengestellte Reiseapotheke unentbehrlich. Seiner individuellen Gesundheitssituation entsprechend sollte man insoweit seinen Hausarzt zu Rate ziehen. Notwendig in jedem Falle sind abwaschbare Heftpflaster verschiedener Größen, Verbandspäckchen und elastische Binden unterschiedlicher Breiten. Wundsalbe, Salbe gegen Schwellungen, Ergüsse sowie Insektenstiche und Zugsalbe gegen Entzündungen sollten nicht fehlen. Für Aufenthalte in der Ebene und in nassem Gelände sind Stifte oder Sprays gegen Mücken unverzichtbar. Ein leichtes Schlafmittel, Schmerztabletten und solche gegen Durchfall und Verstopfung habe ich immer dabei. Natürlich gehören auch Hals- und Grippetabletten und ein Antibiotikum in die Reiseapotheke. Kaugummi (ohne Zucker) ist ein nützlicher Proviant . Er ersetzt gelegentlich mal das Zähneputzen. Und bei langer, anstrengender Pirsch ohne Nahrungsaufnahme löscht er den Durst und ist ein gutes Mittel gegen einen flauen Magen.

Ein Wort noch zu Papieren und Devisen. Für Alaska werden Reisepaß mit Visum (das gilt heute sehr langfristig), deutscher Jagdschein und Waffenbesitzkarte benötigt. Der Autofahrer kommt in Alaska mit dem deutschen Führerschein aus. Für Leihwagen empfiehlt sich der internationale Führerschein.

Für Lizenzen, Jagdführerhonorar und ähnliche festliegende Beträge nehme ich Travellerschecks in Landeswährung, hier also US-Dollar, mit. Dazu kleinere Beträge in Dollar und D-Mark in kleinen Scheinen. Wichtig ist eine Kreditkarte, mit der man in Alaska eigentlich überall zahlen kann.

Den Flug sollte man sehr frühzeitig buchen, mindestens ein halbes Jahr vor Reiseantritt, insbesondere dann, wenn man Preisvergünstigungen ausnutzen will.

Die übliche Gewichtsgrenze für Gepäck der Touristenklasse von 20 kg gilt beim Apex-Tarif für über 20 Tage nach Alaska übrigens nicht. Die Begrenzung liegt in der Zahl der Gepäckstücke und ihrer Abmessungen. Ich führte einen Gewehrkoffer und einen Seesack als Reisegepäck sowie einen Rucksack als Kabinengepäck ohne Mehrkosten mit.

Wenn man, um zum Ausgangspunkt seiner Jagd zu kommen, drüben noch inneralaskanische Linien benutzen muß, sollten sie ebenfalls rechtzeitig schon von hier aus gebucht werden. Kurz vor Antritt der Reise empfiehlt sich aber ein nochmaliges Abchecken der Flugzeiten, weil gelegentlich doch Änderungen der Flugpläne oder auch Streichungen der Flüge vorkommen.

Rechtzeitig sollte man beim Abflug am Abfertigungsschalter sein. Schwierigkeiten beim Einchecken des Gepäcks, vor allem beim Waffentransport, können sich immer ergeben.

Wer drüben auf die Benutzung eines Mietwagens angewiesen ist, kann ihn sich hier schon über das Reisebüro bestellen. Er steht dann am Flughafen bereit.

In jedem Fall sollte man eine Übernachtung in Anchorage einkalkulieren. Man trifft in der Regel gegen Mittag in Anchorage ein. Gelegenheit also, noch Einkäufe zu erledigen. Die meist schlaflose Flugreise und die tageszeitliche Umstellung sind anstrengend, und man sollte ein solches Unternehmen frisch und ausgeruht beginnen. Es ist anzuraten, das Hotel vorzubestellen, und zwar unmittelbar mit schriftlicher Rückbestätigung.

Wer drüben reiten muß, sollte, wenn er kein geübter Reiter ist, vorher wenigstens einige Reitstunden genommen haben. Dabei kommt es weniger auf sportliches Reiten, sondern mehr auf Einfühlungsvermögen und ein wenig Training an. Einige Stifte Hirschtalg, die man schon 14 Tage vor Reiseantritt einsetzen sollte, sind für die verlängerte Rückseite eines untrainierten Reiters nützlich.

Der Büro- und Schreibtischjäger – und das sind ja die meisten von uns – beginnt spätestens ein Vierteljahr vor der Reise mit einem gezielten und regelmäßigen Fitnesstraining. Ich selbst bin allmorgendlich vor dem Dienst eine halbe Stunde gelaufen, zwei- bis dreimal in der Woche eine Stunde geritten und zum Wochenende zwei bis drei Stunden geradelt; dazu etwas Hanteltraining für die Arme. Ein gutes Training ist das Treppensteigen.

Glücklich, wer über ausreichende englische Sprachkenntnisse verfügt. Wer Zeit und Energie aufbringt, sollte sie durch einen Sprachkurs vervollständigen. Reibungslose sprachliche Verständigung mit dem Führer ist eine der wesentlichen Voraussetzungen für eine gelungene Jagd. Ein kleines Taschenlexikon sollte im Gepäck nicht fehlen.

INFORMATIONEN FÜR AUSLÄNDISCHE JÄGER

herausgegeben vom Alaska Department of Fish and Game, Subport Building, Juneau, Alaska 99 801, USA

1. Diese Informationen sind weder als wörtliche Wiedergabe der Gesetze zu verstehen, noch sind sie vollständig. Sie sollen dem ausländischen Jäger behilflich sein, einige der am häufigsten vorkommenden Verstöße zu erkennen.

2. Wenn man einen Guide verpflichtet – das ist für alle Ausländer vorgeschrieben –, kann man davon ausgehen, daß er einem die geltenden Regeln und Vorschriften erläutert. Verletzungen in Kauf zu nehmen, kann hohe Geldstrafen zur Folge haben, außerdem die Beschlagnahme der Trophäe und sogar Gefängnisstrafen. Guides sind Geschäftsleute; sie werden nicht vom Staat bezahlt. Im Interesse beider Partner sollten alle verlangten Leistungen vertraglich vereinbart werden.

3. Man sollte sich auf jeden Fall die vom Alaska Department of Fish and Game herausgegebenen „Alaska Hunting Regulations" beschaffen, die die jeweils gültigen Jagdbestimmungen enthalten. Sie gelten für die Zeit vom 1. Juli bis 30. Juni. Außerdem sollte eine Karte der Jagddistrikte vorhanden sein, die von der gleichen Behörde für den gleichen Zeitraum herausgegeben wird als „Alaska Game Management Units". Schließlich müssen alle notwendigen Lizenzen, Anhänger, Berichte, Erlaubnisse und Verträge beschafft sein, bevor man sich in das Jagdgebiet begibt. Der Verwaltung des betreffenden Jagdbezirkes sollte gemeldet werden, wo man sich während der Jagd konkret aufhält – Angabe von Bergen, Flüssen, Sümpfen etc., und zwar bevor mit der Jagd begonnen wird; derartige Informationen sind gesetzlich vorgeschrieben, selbst wenn die Jagd erfolglos bleibt.

Diese Informationen sind in drei Abschnitte unterteilt:

Vor der Jagd;
während der Jagd;
nach der Jagd.

Zuvor ein wichtiger Hinweis für alle ausländischen Jäger:

Laut Gesetz vom 2. September 1982 *müssen* alle ausländischen Jäger von einem „Licenced Master Guide", „Registred Guide" oder „Class-A Assistent Guide" während der Jagd, bei der Nachsuche und beim Transport jeglichen Großwildes sowie von Walrossen begleitet werden. Außerdem muß man eine schriftliche Erklärung vorweisen können, aus der sich ergibt, welcher von mehreren Guides die Wildmarke erhalten darf.

Vor der Jagd

Gebote:

1. Lizenzen und Großwildmarken sind ohne Rücksicht auf das Alter mitzuführen.

2. Mit dem Guide ist ein Honorarvertrag abzuschließen.

3. Großwildmarken und Jagdlinzenzen dürfen nur für ein Kalenderjahr, d. h., für die Zeit vom 1. Januar bis 31. Dezember, Verwendung finden.

4. Herkunftszeugnisse und Wildmarken bzw. Genehmigungen für bestimmte Großwildarten müssen zusätzlich zu den üblichen Lizenzen und Metallwildmarken mitgeführt werden (näheres in Alaska Hunting Regulations).

5. Eine einzelne Wildmarke darf zur Auszeichnung jeder Wildart benutzt werden, für die die entsprechende oder eine geringere Markengebühr zu zahlen ist – aber nur innerhalb des betreffenden Kalenderjahres. Es dürfen auch nicht zwei geringerwertige Wildmarken für ein Stück Wild Verwendung finden, für das eine höhere Markengebühr gilt.

6. Jede falsche Aussage, Änderung, Entleihung oder Übertragung von Lizenzen, Wildmarken, Zeugnissen oder Genehmigungen ist illegal.

7. Die Nummer jedes Herkunftszeugnisses und/oder jeder Genehmigung ist auf der Rückseite der Lizenz zu vermerken, sobald Zeugnis oder Genehmigung erteilt sind.

8. Der Guide trägt für den geführten Jäger von Gesetzes wegen

die Verantwortung. Über Schwierigkeiten sollte der Behörde berichtet werden, bevor der Gastjäger Alaska verläßt, und es sollte versucht werden, derartige Schwierigkeiten noch während der Anwesenheit in Alaska zu lösen.

9. Für die Bejagung von Wasserflugwild gilt ein Mindestalter von 16 Jahren; außerdem werden Flugwildmarken benötigt.

10. Bestimmte Wildarten dürfen in bestimmten Gebieten nur mit Sondergenehmigung bejagt werden. Dem Genehmigungsantrag ist eine nicht rückerstattungsfähige Gebühr von 5 Dollar (Moschusochse 10 Dollar) beizufügen.

Jagdinformationen sollten nicht vor dem 10. April und nicht später als 10. Mai angefordert werden, wenn auf Schaf oder Moschusochse im Herbst gejagt wird, und nicht später als 1. Juni bei anderen Wildarten.

Während der Jagd

Gebote:

1. Es darf kein Wild ohne gültige Lizenz, Wildmarke, Genehmigung oder Herkunftszeugnis (datierter Kontrollabschnitt des Herkunftszeugnisses) transportiert oder verwahrt werden.

2. Man darf kein Großwild bejagen oder bei seiner Bejagung behilflich sein, wenn man am Jagdtage nach 3 Uhr morgens in das Jagdgebiet eingeflogen ist, gleich, zu welchem Zweck der Einflug erfolgte. Ausgenommen sind Sitka-Schwarzwedelhirsch in den Distrikten 1 bis 6 und 8 sowie Caribou in bestimmten nördlichen Gebieten (siehe Alaska Hunting Regulations).

3. Hubschrauber dürfen nicht auf irgendeine Weise für die Jagd eingesetzt werden. Das gilt für den Transport von Wild und

Wildbret, von Jägern, Jagdgerät und jagdlicher Ausrüstung, die für die Bejagung von Wild benötigt wird.

4. Unter Einsatz von Kraftfahrzeugen darf ebensowenig wie unter Verwendung von Motorbooten gejagt werden, es sei denn, daß der Motor des Bootes abgestellt ist und das Boot keine vom Motor verursachte Fahrt macht.

5. In den Distrikten 1 bis 5 darf keinerlei Großwild, mit Ausnahme von Wölfen, vom Boot aus bejagt werden.

6. Das Treiben von Wild oder irgendeine andere Art der Belästigung durch den Einsatz von Flugzeugen, Motorschlitten, Motorbooten oder anderen motorgetriebenen Fahrzeugen ist verboten.

7. Rinnendes Wild darf, ausgenommen Caribou im Distrikt 23, nicht bejagt werden.

8. Wasserflugwild darf nicht mit Flinten beschossen werden, die mit mehr als drei Patronen zu laden sind; das gilt nicht für übriges Flugwild.

9. Keinerlei Wild darf unter Zuhilfenahme von Funk, künstlichem Licht, künstlichen Salzlecken, Fallgruben, Sprengstoff, Bomben, Rauch, Chemikalien und bestimmten eisernen Bügelfallen und Schlingen (siehe Alaska Hunting Regulations) bejagt werden.

10. Besitz und Transport von Dallschafen ohne beide zugehörige Hörner sind untersagt.

11. Besitz oder Transport von Großwild innerhalb des Jagdgebietes ist verboten, wenn es nicht an markanten äußeren Teilen der Geschlechtsorgane eindeutig dem betreffenden Geschlecht zuzuordnen ist, vorausgesetzt, daß in dem betreffenden Distrikt während der jeweiligen Saison die Jagd auf eine Geschlechtsart beschränkt ist (ausgenommen Schafe).

12. Bei erlegtem Großwild, ausgenommen Bär, Wolf und Volverine, ist es verboten, absichtlich, wissentlich, fahrlässig oder nachlässig die Bergung des wesentlichen, für die menschliche Verwertung geeigneten Wildbrets zu unterlassen (zur Auslegung des Begriffes „wesentlich“ siehe Alaska Hunting Regulations). Gefängnis und Mindestgeldstrafe von 2500 Dollar!

13. Die Bejagung von Jungbären oder führenden Bärinnen ist untersagt (zur Definition „Jungbär“ siehe Alaska Hunting Regulations).

14. „Camp-Fleisch“ darf, außer während der Jagdsaison und soweit es zur eigenen Strecke zählt, nicht gemacht werden.

15. Irgendwelches Wildbret darf weder auf noch neben der Straße liegengelassen werden.

16. Von, auf oder über eine Straße darf nicht geschossen werden.

17. Lebendes Wild einschließlich Flugwild darf man nicht an sich nehmen.

18. Die Benutzung von Fallen, Schlingen oder mit Widerhaken versehenen Pfeilen ist verboten. Bären, Wölfe, Füchse und Volverine dürfen nicht absichtlich gefüttert werden. Menschliche Nahrung oder Abfälle sind in solcher Weise zurückzulassen, daß sie kein Wild anziehen können.

Nach der Jagd

Gebote:

1. Die metallenen Wildmarken sind sofort nach der Erlegung an Horn, Geweih, Schädel oder Decke anzubringen und zu befestigen. Wird nur Wildbret zurückbehalten, muß die Befestigung an einem größeren, erkennbaren Teil des Wildbrets erfolgen und darf nicht entfernt werden, bevor

das Wildbret ausgeführt, verbraucht oder gelagert wird.

2. Wenn ein Herkunftszeugnis verlangt wird, muß dieses unverzüglich nach der Erlegung für gültig erklärt werden, indem der Abschnitt abgetrennt und Tag und Monat der Erlegung eingetragen werden, ohne irgendwelche anderen auf dem Papier befindlichen Daten auszustreichen oder unkenntlich zu machen.

3. Das für gültig erklärte Herkunftszeugnis ist so lange zur Verfügung zu halten, bis das Wild zum Verbrauch ausgeliefert ist.

4. Herkunftszeugnis oder Genehmigung sind ausgefüllt innerhalb des vorgeschriebenen Zeitraumes zur Post zu geben. Jagddistriktnummer und die Stelle, an der das Wild erlegt wurde, sollte sich der Gastjäger so genau wie möglich merken.

5. Wenn eine Genehmigung es verlangt, sind der betreffenden Behörde spezifische biologische Proben vorzulegen.

6. Man muß eine vom Erleger unterzeichnete Erklärung in Händen haben, die dessen Name und Anschrift sowie das Datum der Übergabe enthält, wenn man von ihm das ganze Stück Wild oder Teile davon erhalten hat und zu behalten oder zu transportieren beabsichtigt. Wenn der Erleger sein Wild oder Teile davon irgend jemand anderem zu Transportzwecken übergibt, muß er denselben mit der gleichen Erklärung ausstatten. Das gilt auch für gefangene Fische.

7. Alaska Departement of Fisch and Game ist zu benachrichtigen, wenn ein Bär erlegt wurde, der markiert, gefärbt, etikettiert, tätowiert oder auf andere Weise gekennzeichnet ist. Derartige Kennzeichen müssen mit der Decke so lange aufbewahrt werden, bis sie amtlich zur Kenntnis genommen sind. In einigen Fällen werden Belohnungen für die Rückgabe bestimmter Kennzeichen ausgezahlt.

8. Wenn die Ausfuhr von rohen unbehandelten oder nicht aufgesetzten Großwild- und Walroßtrophäen aus Alaska beabsichtigt ist, wird eine Verlademarke (Trophy Export Shipping Tag) benötigt. Gemeint sind unbearbeitete rohe, nicht aufgesetzte Gehörne, Geweihe oder Decken jeglichen Großwildes, die Decken von Polar-, Braun-, Schwarz- und Grizzlybär und die Zähne von Walrossen.

9. Pelzausfuhrgenehmigungen und -zeugnisse werden für die Ausfuhr roher Felle und Bälge von Raubwild, Pelzrobben und Walrossen benötigt (siehe Alaska Hunting Regulations).

10. Verschiedene Wildarten müssen innerhalb bestimmter Zeiträume nach ihrer Erlegung speziell gekennzeichnet werden. Das heißt, daß sie mit bestimmten Metallanhängern zu versehen sind. Biologen nehmen während dieser Zeit gelegentlich Vermessungen und Proben. Betrachten Sie es als notwendigen Teil Ihrer Jagd, alle Vorschriften peinlichst und den Buchstaben des Gesetzes entsprechend zu befolgen. Zuwiderhandlungen können Verletzungen von Bundes- wie von Landesgesetzen sein, und die angedrohten Strafen sind hoch.

11. In Alaska sind verboten Kauf, Verkauf und Tausch von:
    - Decken von Schwarzbär oder seiner verschiedenen Varietäten;
    - Decken von Grizzly- oder Braunbär;
    - unbearbeitete oder ungekennzeichnete Bälge von Biber, Wolf, Luchs und Volverine;
    - Schädel, Gehörn oder Geweih alaskanischen Großwildes; das gilt nicht für natürlich abgeworfene Stangen von Gehörnen und Geweihen sowie komplett durch Beschädigung der Horn- bzw. Knochensubstanz abgebrochene Gehörne und Geweihe;
    - Wildbret.

12. Eine bundesstaatliche Ausfuhrgenehmigung ist erforderlich, wenn Decken bzw. Bälge von Wolf, Braunbär, Grizzlybär,

Luchs, Landotter aus den USA ausgeführt werden sollen. Anträge sind erhältlich bei:

- U.S. Fish and Wildlife Service Permit Office, Washington D.C.

oder

- U.S.F.W.S. Regional Office, 1011 E. Tudor Road, Anchorage, Alaska 99 503.

Von Antragstellung bis Erteilung vergeht ein Zeitraum von zwei bis drei Monaten. Decken können aber bei jedem amerikanischen Präparator innerhalb der gleichen Zeit zur Verarbeitung in Auftrag gegeben werden.

E. „MEINE WORTE SIND WIE DIE STERNE: SIE GEHEN NIE UNTER“

Rede des Indianerhäuptlings Seattle, gerichtet an Franklin Pierce, 14. Präsident der Vereingten Staaten, im Jahre 1854.

„Der große Häuptling in Washington sendet Nachricht, daß er unser Land zu kaufen wünscht. Der große Häuptling sendet uns auch Worte der Freundschaft und des guten Willens. Das ist freundlich von ihm, denn wir wissen, er bedarf unserer Freundschaft nicht. Denn sein Volk ist zahlreich wie das Gras, das die weite Prärie bedeckt. Mein Volk aber gleicht den vereinzelten Bäumen auf der Ebene, über die der Sturm tobt.

Wir werden das Angebot bedenken und unsere Entscheidung treffen. Was Häuptling Seattle sagt, darauf kann sich der große Häuptling in Washington verlassen, so sicher, wie sich unser weißer Bruder auf die Wiederkehr der Jahreszeiten verlassen kann. Meine Worte sind wie die Sterne: Sie gehen nie unter.

Aber wie kann man den Himmel kaufen oder verkaufen – oder die Wärme der Erde? Diese Vorstellung ist uns fremd. Wenn wir die Frische der Luft und das Glitzern des Wassers nicht besitzen – wie könnt Ihr sie von uns kaufen?

Jeder Teil dieser Erde ist meinem Volk heilig; jede glitzernde Tannennadel, jeder sandige Strand, jeder Nebel in den dunklen

Wäldern. Wir sind ein Teil der Erde, und sie ist ein Teil von uns. Die duftenden Blumen sind unsere Schwestern, die Rehe, das Pferd, der große Adler – sie sind unsere Brüder.

Wir wissen, daß der weiße Mann unsere Art nicht versteht. Ein Teil des Landes ist ihm gleich jedem anderen, denn er ist ein Fremder, der kommt in der Nacht und nimmt von der Erde, was immer er braucht. Die Erde ist sein Bruder nicht, sondern Feind, und wenn er sie erobert hat, schreitet er weiter. Er läßt die Gräber seiner Väter zurück und kümmert sich nicht. Er stiehlt die Erde von seinen Kindern und kümmert sich nicht. Er behandelt seine Mutter, die Erde, und seinen Bruder, den Himmel, wie Dinge zum Kaufen und Plündern, zum Verkaufen wie Schafe oder Perlen. Sein Hunger wird die Erde verschlingen und nichts zurücklassen als die Wüste.

Das Ansinnen, unser Land zu kaufen, werden wir bedenken, und wenn wir uns entschließen anzunehmen, dann so nur unter einer Bedingung: Der weiße Mann muß die Tiere des Landes behandeln wie seine Brüder.

Was ist der Mensch ohne die Tiere? Wären alle Tiere fort, so stürbe der Mensch an großer Einsamkeit des Geistes. Was immer den Tieren geschieht – geschieht auch bald den Menschen. Könnt Ihr die Büffel zurückkaufen, wenn der letzte getötet ist?

Lehrt Eure Kinder, was wir unsere Kinder lehrten: Die Erde ist unsere Mutter. Was die Erde befällt, befällt auch die Söhne der Erde. Wenn Menschen auf die Erde spucken, bespeien sie sich selbst. Denn das wissen wir: die Erde gehört nicht den Menschen, der Mensch gehört der Erde. Alles ist miteinander verbunden, wie das Blut, das eine Familie eint. Die Erde zu verletzen, heißt ihren Schöpfer zu verachten.

Wenn die Büffel alle geschlachtet sind, die wilden Pferde gezähmt, die heimlichen Winkel des Waldes schwer vom Geruch vieler Menschen und der Anblick reifer Hügel geschändet von redenden Drähten – wo ist das Dickicht? – Fort! – Wo der Adler? – Fort!

Und was bedeutet es, Lebewohl zu sagen dem schnellen Pony und der Jagd? Das Ende des Lebens – und der Beginn des Überlebens.

Wir werden Euer Angebot bedenken. Wenn wir zustimmen,

so nur, um das Reservat zu sichern, das Ihr versprochen habt. Dort vielleicht können wir unsere kurzen Tage auf unsere Weise verbringen. Denn vor allem schätzen wir das Recht eines jeden Menschen, so zu leben, wie er es selber wünscht – gleich wie verschieden von seinen Brüdern er ist.

Wenn der letzte rote Mann von dieser Erde gewichen ist und sein Gedächtnis nur noch der Schatten einer Wolke über der Prärie, wird immer noch der Geist meiner Väter in diesen Ufern und diesen Wäldern lebendig sein. Denn sie liebten diese Erde wie das Neugeborene den Herzschlag seiner Mutter.

Wenn wir Euch unser Land verkaufen, liebt es, so wie wir es liebten, kümmert Euch, so wie wir uns kümmerten, behaltet die Erinnerung an das Land so wie es ist, wenn Ihr es nehmt. Und mit all Eurer Stärke, Eurem Geist, Eurem Herzen erhaltet es für Eure Kinder und liebt es – so wie Gott uns alle liebt.

Denn eines wissen wir: Unser Gott ist derselbe Gott. Diese Erde ist ihm heilig. Selbst der weiße Mann kann dieser gemeinsamen Bestimmung nicht entgehen. Vielleicht sind wir ja doch alle – Brüder. Wir werden sehen."